会社にお金を残したいなら今すぐ経費を増やしなさい

グレーゾーンが白になる47の節税ルール

ICOコンサルティング
公認会計士・税理士
福岡雄吉郎

ダイヤモンド社

本書で紹介する事例はすべて著者がお手伝いした実例ですが、
登場する企業名および人名は仮名にしてあります。

はじめに　経営者が陥る3つの勘違い

経営者と話をすると、「なるほど、確かになぁ」と感じることがよくあります。しかし、突き詰めて考えると、「本当にそうかなぁ」と疑問が湧くこともあるのです。

例えば、次の３つの発言についてお考えください。経営者がよくおっしゃるフレーズです。おそらく、これらについて、ほとんどの人は「そのとおり」と思うかもしれません。しかし、果たして本当に正しいのでしょうか。

社会的に影響力のある人の発言を聞いて、「それが正しい」と思い込んでいませんか。顧問の税理士や知り合いの経営者から、そう教えられただけではありませんか。あるいは、書籍を通じて自分自身の中で生み出されたのではないでしょうか。

◉その1　利益を出して納税しなければ、会社はつぶれる

多くの経営コンサルタントや税理士は、このようにいいます。

「会社が存続し、発展するには、利益を出すことが一番大切です」

しかし、会社の生死のカギを握っているのは、利益ではありません。

中国地方で石油関連事業を営む永田商事を例にとりましょう。

永田商事の年商は約30億円で、企業向けに潤滑油などの油製品を販売しています。総資産10億円に対して、利益剰余金はわずか5000万円しかありません。

会社の安全性を判断する指標に**「自己資本比率」（図1）**があります。創業してからいままでに着実に利益を計上していないと、この数字は高くはなりません。一般に30％で合格、50％が目標と考えていますが、永田商事はわずか6％なのです。

永田社長は2代目の社長に就任して25年ですが、この間、利益はわずかしか出していません。利益を出していないので、当然、法人税もほとんど支払っていません。

そんな会社ですが、永田社長は涼しい顔をしています。

「確かに、うちは利益は少ないですが、キャッシュがいますぐ不足して困るというわけではありませんので……」

図1　永田商事の貸借対照表

【貸借対照表（単位：百万円）】

～お金の使い道～		～お金の調達方法～	
流動資産	600	流動負債	460
現金および預金	200	買掛金	400
売掛金	250	未払金および未払費用	40
棚卸資産	100	その他	20
その他	50	固定負債	480
		長期借入金	430
固定資産	400	その他	50
建物および構築物	120	負債合計	940
機械、備品	80	株主資本	60
土地	20	資本金	10
保証金	30	利益剰余金	50
保険積立金	150	純資産合計	60
資産合計	1,000	負債および純資産合計	1,000

①総資産（会社の財産）（資産合計）

他人のお金　他人資本（負債合計）

自分のお金　②自己資本（純資産合計）

自己資本比率は、会社の安全性を測る指標です。

$$\text{自己資本比率} = \frac{\text{②自己資本（純資産合計）}}{\text{①総資産（資産合計）}}$$

言い換えれば、全財産のうち、どの程度を自分の金で調達したか？
この比率が高い会社は、借金に頼らず、つぶれにくいといえます。

図１の２　貸借対照表を面積図として表すと

①運転資金が不要

売掛金＋在庫より買掛金が大きいため短期借入（運転資金）は必要がない。

②借入は月商の約 1.5 倍

一般的に、借入金は月商の３倍以内が安全圏であるため、借入が多すぎる状況にはない。

③不要な資産が少ない

土地や株式など資金を眠らせる資産への投資はほとんどない。

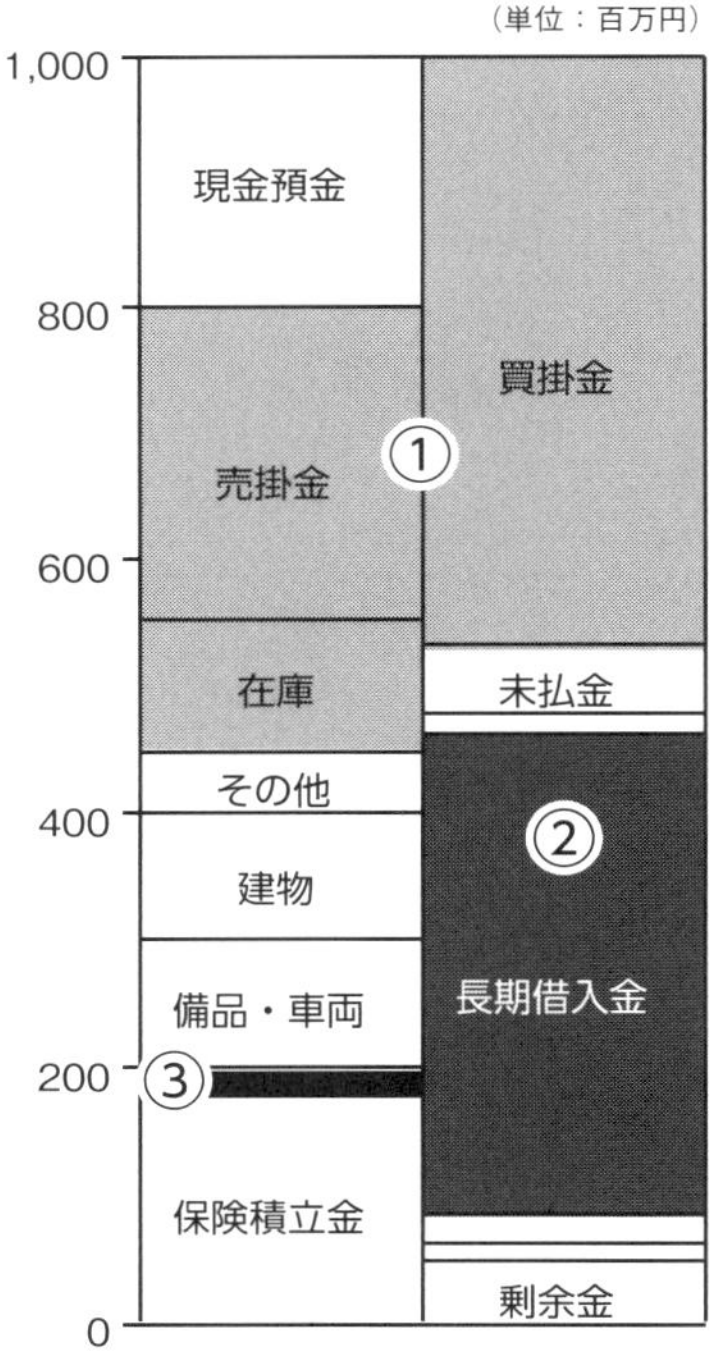

永田商事では、売上代金は締め後1カ月で回収する一方で、仕入代金の支払いは締め後2カ月です。在庫残高も少ないため、短期的に銀行から借入しなくてもお金は回るのです。また、会社が持っている資産に、資金繰りを圧迫する土地や株式などはほとんどありません。

さて、永田社長ですが、3年後に5億円の退職金を受け取る予定にしています。3年後に現在の保険をすべて解約すれば、解約金として5億円が入ってきます。それをすべて永田社長の退職金に充てる予定なのです。

永田商事は、決して賞賛される財務体質ではありません。また、永田社長は、自己中心的であり、その経営方針にも賛否両論があるでしょう。しかし、現実に、このような会社が存在しているのも事実なのです。

利益を出さなくても、納税をしなくても、会社は存続できます。**会社経営にとって一番大切なものは、キャッシュ（お金）なのです。**

●その2　赤字を出せば銀行がお金を貸さなくなる

１００人の経営者がいれば、99人の経営者は赤字を嫌がります。「経営者が赤字を出すのは犯罪」とまでいう人もいます。

「なぜ、赤字を嫌がるのでしょうか？」と経営者にお聞きすると、多くの方は「銀行の評価が下がるから」と答えます。

しかし、こういう方に限って、銀行の評価についてご存じないのです。銀行の評価を考えるときに大切なのは、一言でいえば「**返済能力**」です。これは、いまある借入金を返す力があるかどうかということです。

そして、返済能力を見る際にポイントになるのが〝**営業利益**〟なのです。

図2のとおり、利益には、実は5つの種類があり、それぞれに意味があります。そして、誰がどの利益を気にするかはバラバラなのです。銀行は営業利益を、格付機関は経常利益を重視します。最終的な純利益を気にする人は、ほとんどいないのです。

第1章で説明しますが、銀行はみなさんの会社を格付けしています。銀行の格付表を見れば、営業利益がいかに重要かがわかります。したがって、極端な話、営業利益が黒字であれば、税引前利益が赤字でもかまいません。この区別がつかないと、「とにかく赤字はダメだ！」という考えになってしまいます。

大手自動車のカーディーラーである山田商会で不動産を売却したときの話です。総額6億円の売却損失を計上するため、純利益は2億円の赤字になる計画です。

図２　損益計算書の５つの利益

科目	金額	
【売上高】	××××	
【売上原価】	××××	
①売上総利益	××××	
【販売費および一般管理費】	××××	
②営業利益	××××	⬅ 本業の儲け（銀行がチェック）
【営業外収益】	××××	
【営業外費用】	××××	
③経常利益	××××	⬅ 会社の平均的な実力（格付審査でチェック）
【特別利益】	××××	
【特別損失】	××××	
④税引前当期純利益	××××	⬅ 課税される利益（税務署がチェック）
【法人税等】	××××	
⑤当期純利益	××××	

「利益を出せ」というのは何利益のことでしょうか？利益には５つの利益があり、銀行は営業利益を重視しています。

不動産の売却先は、山田社長が個人で設立したばかりのヤマダ地所です。このヤマダ地所に、不動産の購入資金として銀行から6億円の資金を借り入れてもらうことにしていたのです。

「山田商会でこれほどの赤字を出しちゃうと、銀行も貸してくれるのかな……」

山田社長はとても心配していました。

でも、それは取り越し苦労でした。銀行からは、期間15年、金利0・13%という条件で提案が来たのです。

山田社長は、融資条件が提示されるや否や、私に電話をかけてきました。

「いやー、すごいね。こんな条件で借りられるなんて夢にも思わなかったよ」

銀行は、山田商会の営業利益が安定しているので、最大限の協力をしてくれたのです。

営業利益が黒字なら、多額の節税策をとって、赤字（純損失）にしても怖くないのです。

◉その3　税理士の先生は節税提案をしてくれる

顧問先の経営者から、税理士に対して、次のような不満をよく聞きます。

・節税提案をしてくれない
・「できない」「否認される」しかいわない
・顔が税務署を向いている

顧問税理士に、節税提案を希望している経営者はとても多いです。ところが、税理士は、まったく別のことを考えています。

「正確な帳簿、申告、正しく納税することこそが会社の発展にとって大切なこと」このように考えているので、税理士は、そもそも自分自身に、節税提案が強く求められているとは思っていません。

へたに節税提案をして、何か問題があれば、責任をとらなければいけません。多くの税理士は「資格に守られたい」と思って、税理士になっています。だから、何かあれば、真っ先に保身を考えます。余計なリスクをとりたくないのです。自分が知らない、やったことがないことは、どうしても〝アブナイ〟と思うわけです。

たとえ合法でも、節税のための知識や制度の勉強には、とても後ろ向きなのです。残念ですが、税理士から自然に節税提案が行われることは期待できないのです。

先日も、小売業を営む四谷商業の専務から、自社ビル完成の報告を受けました。
「ところで、特別償却（114ページ）はお使いになりましたか？」と聞いてみたところ、
「税理士からは、なんの提案もありませんでした。当社にも使えるのですか!?」と驚かれた様子。

1カ月後、「おかげさまで3000万円節税できました！」と報告をもらいました。
「税理士は、当初、〝特別償却なんてできない〟といっていましたが、よく調べてみると、この制度を税理士が知らないだけでした！」

税法の場合は、〝知っているか知らないか〟で納税額が何百万、何千万も変わります。しかも、税法の内容は複雑で、すべてを完璧に頭に入れることは至難の業です。そのため、セカンドオピニオンとして第二の税理士を雇っている会社も増えています。

病気の診断では、主治医とは別の医者の意見を聞くのが当たり前になっています。**税金の世界も専門性が高く、1人の先生だけの意見を聞くのは、ときに危険なことなのです。**

●会社にお金を残すには、いますぐ経費を増やしなさい

本書では、2つの視点から、会社にお金を残す方法をご紹介しています。

まず1つ目が「経費を増やす」という視点です（注：本書では、わかりやすさを重視するため、損金〈税務上で認められる費用〉をすべて〝経費〟という表現で統一しています）。経費を増やせば、その分、利益が減り、法人税の支払いを抑えることができます。勘違いしていただきたくないのは、「使っても見返り（リターン）のない経費」をいくら増やしても、お金は残らないということです。

増やすべき経費とは、お金の支払いを伴わない経費、あるいは経営に必要な経費です。

2つ目が「できるだけ早く経費にする」という発想です。

「経費を前倒しで計上しても、長い目で見れば一緒ですよ」

ほとんどの税理士や経理マンは、こういいます。

そういう方たちは、今年の利益が、来年もその先もずっと続くと考えているのです。

しかし、経営は、今日がよくても、明日はどうなるかわからないものです。何十年も経営をしていれば、必ず業績が落ち込む時期がやってきます。

リーマンショックのような経済危機や、東日本大震災のような災害が訪れるかもしれません。食中毒や異物混入、品質不良や施工不良など、社内から問題が発生するかもしれません。

想定外の「マサカの坂」に備えて、できるだけ経費を前倒しで処理してお金を残しておいていただきたいのです。

本書では、この2つの視点でいろいろな税務対策をご紹介しています。

本書を税務分野のセカンドオピニオンとし活用し、ぜひ会社にお金を残してください。

会社にお金を残したいなら今すぐ経費を増やしなさい◎目次

CONTENTS

第4章 売掛金や在庫の多い会社のお金の残し方

第5章 不動産の多い会社のお金の残し方

CONTENTS

第6章 「マサカの坂」に備えたお金の残し方

CONTENTS

第9章 税務調査は怖くない

第1章

税金はこの世で一番見返りのないコスト

1 日本人は税金について誤解している

「必要以上の税金を集めるのは、合法的強盗である」

これは、アメリカの第30代大統領カルビン・クーリッジの言葉です。

イギリスの植民地だったアメリカは、1775年に独立戦争を起こします。イギリスがアメリカからたくさん税金をとろうとしたことが、その原因でした。こうした国家の成り立ちからか、アメリカ国民は税金に対して敏感といわれます。

これに対して、日本人は税金にかなり鈍感ではないでしょうか。

日本では、国民の三大義務として「納税しなければならない」とされています。「税金を納めない人間は非国民である」と教育されてきました。

しかし、欧米では、納税を義務としている国家はほとんどありません。

日本では、古くは弥生時代から権力者に対して税金を払ってきました。そのせいか、〝税金は国家にいわれるがままに払うもの〟と思い込んでいるようです。日本人の税金に対する考え方は、世界とは少しズレがあるのです。まずは、このことをご理解いただきたいと思います。

◉税金のコストは決して小さくない

さて、ここで1つ質問があります。

「会社が支払う法人税は、売上高の何％くらいでしょうか？」

各社さまざまですが、だいたい売上の1～2％という会社が多いと思います。売上の1％というと、決して小さい金額ではありません。

だからアメリカでは、税務専門の弁護士である〝タックスロイヤー〟が活躍しています。これは、税務実務に詳しい税法専門の弁護士のことです。「いかに税金を抑えるか？」を専門部隊が研究しているのです。

日本でも一部の大企業には、そうした税金の専門部隊を編成しているところもあります。

しかし、中小企業では、そんな余裕はありません。

本来、この役割は税理士さんが担うべきですが、残念ながら期待できません。税理士の多くは、顔が税務署に向いていて、節税には消極的です。なぜなら税理士は、税務署（正確には国税庁）から税理士免許をもらっているからです。

経営者は、経費に関して非常に厳しくコスト管理をしています。その厳しさを税金に振り向ければ、会社にはもっとお金が貯まります。その第一歩として、本書をお読みになってください。

◉節税は決して悪いことではない

この本は「なるべく税金を払わないために何ができるか」を中心に書いています。節税といっても、個人の節税ではなく、法人税の節税を中心に説明しています。

先ほど日本人の〝まじめに税金を払う〟国民性は、世界とズレがあるといいました。もう1つ、法人税の税率という点でも日本と世界では差があります。日本の会社が払う税金（法人税）の税率は約30%と、海外に比べて高くなっています。

「節税！　節税！」というと、「けしからん」と苦い顔をする人がいます。確かに、大企業であれば、体力もあるため、節税を考えなくてもよいかもしれません。しかし、中小企業は、ヒトもモノもカネもありません。今日がよくても、明日がどうなるかわからないのです。

会社にとっては、存続して成長することが何より重要なのです。会社が大きくなる前に、お金がなくなって、つぶれてしまえば、元も子もありません。

会社が成長してどんどん大きくなれば、必ず税金を払う日がやってきます。たくさん納税するのは、毎年、安定して利益を稼げるようになってからで十分です。そのときが来るまで、中小企業はどんどん節税して、お金を貯めていただきたいのです。

2 なぜ、経営者は粉飾してまで税金を払おうとするのか？

節税して会社にお金を残すには、それなりに税務知識が必要になります。でも、その前に、絶対に知っていてもらいたいのが、利益に対する考え方です。

利益に対して誤った考えを持っていると、会社からムダなお金がどんどん出ていってしまいます。

九州で葬祭業を営む九州葬祭の上山社長から、事業承継の相談を受けました。九州葬祭は、現在の上山社長が脱サラして創業し、今年で35周年を迎えます。いまでは、葬儀場15ホール、仏壇仏具の販売店15店を展開しています。地元では名が通っており、上山社長も地元の名士といわれています。

実際に詳しく話を聞くまで、相談内容は株価対策だろうと予想していました。「株価が高すぎて悩んでいます」という内容だと考えていました。

しかし、決算書を見せてもらって、びっくりです。財務内容がとんでもなく悪かったのです。九州葬祭の自己資本比率（5ページ）は10％と、合格水準を大きく下回っています。おまけに本業は大苦戦し、資金繰りは厳しく、このままでは倒産まっしぐらです。

九州葬祭は、事業承継よりも前に、財務改善を進めなければいけない状況だったのです。

◉時代遅れの売上至上主義

とんでもなく悪い財務体質の原因は、借入が多すぎることにありました。

なにせ、長期、短期の借入金に、社債を合わせた借入債務が、年商の2倍もあったのです。

通常、借入金は月商の3カ月で要注意、6カ月で危険水域といわれています。この会社の借入金は月商の22カ月分、金利だけで年間3000万円も払っていたのです。

借入金がここまで膨らんだ理由は、実力以上の過剰な投資（出店）にありました。

上山社長の口ぐせは「とにかく売上30億円を達成したい！」です。利益が伸びないのも、資金繰りが苦しいのも、売上に原因があると思っています。売上が30億円に到達すれば、すべて解決してくれると本気で思っているのです。このため、営業利益が赤字になったこの2年間だけで、店舗を4店も出店しているのです。

しかし、葬儀業界は成長産業ではありません。お年寄りが長生きし、葬儀件数は思うほど伸びません。

家族葬や直葬が増え、葬儀1件あたりの規模は縮小し、単価も上がりません。墓石も販売していますが、いまやどこに行っても無縁仏がよく目につきます。お墓を守ることも一苦労で、若い人は昔のように墓を求めなくなっています。

つまり、売上を伸ばすことは大変に難しいことなのです。

◉行きつく先は粉飾決算

九州葬祭は3月決算で、相談を受けたのが2月頃だったと記憶しています。

「今期の見込みを教えてください」と上山社長に質問しました。

「このままいけば3000万円の赤字ですが、売上調整をして、2000万円の黒字にします」

「調整というのは、どういうことですか？　粉飾ですか？」

粉飾決算をして利益を出せば、払う必要のない法人税が発生します。ムダな税金を払う余裕などまったくないのに、何百万単位で税金を払うことになるわけです。しかも、上山社長の役員報酬は、なんと月額５００万円です。

粉飾をする前にすべきことがあるのに、なぜか見当違いの道に進むのです。

「社長、なぜ、粉飾をするのですか?」

「銀行に融資を引き揚げられては困るからです」

先ほど説明したとおり、**銀行が重視するのは営業利益**です。あるいは、建設業なら経営事項審査（経審）があるため、経常利益が重視されます。

売上の水増しをしなくても、営業利益や経常利益を増やす方法はあります。

これらを黒字にするために、粉飾決算をするなど、愚の骨頂です。

銀行の考え方を学べば、粉飾してムダな税金を払う必要などありません。詳しくは、36ページで説明します。

3 税理士は顧客のことなど考えていない

世の中には、常にシロかクロか、はっきりさせられることばかりではありません。クロとシロの間には、必ずグレーが存在します。

そのグレーも、クロに近いグレーもあれば、シロに近いグレーもあります。税金に関していえば、経営者はクロに近いグレーをシロにしたいと考えています。私は、この願いをかなえるのが税理士の役割ではないかと思っています。

しかし、多くの税理士は、少しでもグレーなら、クロと判断します。責任をとりたくないし、手間をかけたくないし、税務署と喧嘩したくないのです。

節税策でも、常にシロの節税策ばかりではありません。**グレーな取引は、エビデンス（証拠書類）を整えることで、シロに持っていけばよい**のです。

しかし、そうしたことをする税理士は、残念ながら少数派です。

◉粉飾に手を貸す税理士

そうかと思えば、明らかに〝クロ〟なことに手を貸す税理士もいます。

先ほどの九州葬祭を担当している原田税理士と議論になったことがあります。

原田税理士も、いわゆる地方の名士として認識されているような先生でした。後述しますが、九州葬祭の決算対策として、私はある提案を行いました。

しかし、原田税理士には、この方法は理解してもらえませんでした。かたくなに「そんな方法は理解できない！」とおっしゃるのです。

私の指導は、銀行対策として決算書の見せ方を工夫するものです。粉飾をしているわけではありません。

その一方で、原田税理士は、上山社長からの次のような依頼には応じているのです。

「先生、今期も売上調整で５０００万ほどしたいので、よろしくお願いします」

これは、翌期（４月）の売上の一部を、当期（３月）の決算に入れることを意味します。

顧問先のことを考えるなら、粉飾決算は絶対にやってはいけません。

ちなみに、粉飾決算をしても、税務調査で文句をいわれることはありません。税務署からすれば、「利益を水増ししてまで税金を払ってくれて、ありがたい」からです。

私は、上山社長を説得して、粉飾をやめさせて申告してもらいました。その代わり、決算書を工夫して、営業利益を増やしてもらったのです。

決算報告の際、そのことについて銀行から何もいわれることはありませんでした。

余談ですが、私が指導する前は、九州葬祭の借入金利は2%近くありました。その後の指導で、金利は0・98%に下がり、年間1000万円の金利を削減したのです。粉飾などしなくとも、銀行対策はできるのです。

◉税理士会の要職に就いている大先生ほど保守的

顧問先のことを考えていない税理士を、もう1例紹介しましょう。

四国地方にあるティーエムコーポレーション（TM社）での出来事です。

ホームページを見たというTM社の玉木会長から、高額退職金の指導依頼を受けました。

ところが、後日、TM社の顧問税理士から会長に手紙が送られてきました。

原稿用紙3枚ほどのボリュームをまとめると、次のような内容です。

①当事務所（顧問税理士）は間違いなくしっかりとしている
②コンサルタントの方法は、税理士業界で到底容認されるものではない
③顧問税理士は何をやっているのかと税務署から不信感を持たれる

３枚の手紙には「御社のために……」という言葉が何度も登場しました。しかし、内容としては、自分たちのメンツや保身しか考えていないことが明らかでした。本当に会社のことを思うなら、退職金を円滑に支給するよう協力するはずです。

九州葬祭もＴＭ社も、顧問税理士は税理士会の要職に就いている先生でした。そういう偉い先生ほど、プライドが高く、こちらの方法に難癖をつけてこられます。残念ながら、二人の税理士からは、顧客の〝ご〟の字も見られなかったのです。

その後、玉木会長は、顧問税理士との契約を解除し、高額退職金を受け取られました。

4 銀行や業界審査はどこを見るのか

本書の冒頭で、「銀行が見るのは返済能力であり、営業利益です」と述べました。では、ここから、もう少し具体的に銀行の評価を見ていきます。

図3は、銀行の格付表（モデル）です。銀行によって細かい違いはありますが、何が重視されるかという視点で見てください。

銀行は、みなさんの会社の決算書を、独自のシステムを使って、自動的に査定します。これを分析すると、銀行が重視しているものが2つあることがわかります。

①自己資本比率（5ページ）
②営業利益（9ページ）

図3　銀行の格付表（スコアリング）

経営指標	結果	配点	説明
1. 安全性項目			
自己資本比率	%	10	自己資本 ÷ 総資産
ギアリング比率	%	10	長短借入金（注）÷ 自己資本
固定長期適合比率	%	7	固定資産 ÷（固定負債+自己資本）
流動比率	%	7	流動資産 ÷ 流動負債
2. 収益性項目			
売上高経常利益率	%	5	経常利益 ÷ 売上高
総資産経常利益率	%	5	経常利益 ÷ 総資産
収益フロー	期連続	5	
3. 成長性項目			
経常利益増加率	%	5	経常利益増加額 ÷ 前期経常利益
自己資本額増加率	%	15	自己資本増加額 ÷ 前期自己資本
売上高増加率	%	5	売上高増加額 ÷ 前期売上高
4. 返済能力			
債務償還年数	年	20	長短借入金（注）÷（営業利益 + 減価償却費）
インタレストカバレッジレシオ		15	（営業利益+受取利息配当金）÷ 支払利息
キャッシュフロー額	円	20	営業利益+減価償却費

（注）銀行など社外から調達した社債があれば、含む

スコアリングの配点が高い指標には、“自己資本”と“営業利益”が関係しています。
なかでも、銀行が最も重視するのは、「返済能力」です。
そして、返済能力をチェックするうえで最も重要なのは、「営業利益」です。
だから、営業利益を少しでも高める工夫が必要なのです。

銀行はお金を貸して、利息と一緒に元金を回収することで利益を稼ぎます。このため、貸したお金を確実に返してくれる会社を評価するのです。したがって、次のような会社は銀行から高く評価されます。

①借入金が少なく、自分のお金（自己資本）が多い会社
②毎期、本業でたくさんの利益（営業利益）を稼いでいる会社

反対に、借金まみれの会社や本業の利益が毎期少ない会社は、評価が低いのです。

●業界審査は経常利益を見る

経営者の中には、帝国データバンクや東京商工リサーチを気にする人がいます。あるいは、公共工事を受注する建設業であれば、経営審査は気になるところです。

これらの調査（審査）では、営業利益もそうですが、経常利益が重視されます。経常利益は、営業利益から支払利息などを引いたもので、毎期安定的に稼げる利益です。

つまり、銀行には銀行の視点があり、業界審査には業界審査の視点がある、ということです。

図4の損益計算書をご覧ください。経常利益の下に「特別損失」という項目があります。これは、毎年は発生しないような特別な損失を集めた項目です。この**特別損失を使えば、当期純利益が赤字でも、営業利益や経常利益を黒字にできます**。

●営業利益や経常利益を増やす秘策

営業利益（経常利益）を黒字にする方法は、次の3つです（**図5**）。

①売上原価の中の特別な原価を特別損失にもってくる
②販売管理費の中の特別な費用を特別損失にもってくる
③家賃収入などの営業外収益を売上高にもってくる

具体的な例は、**図6**にまとめてあります。こうすることで、純利益の金額は変えずに、営業利益を増やすことができます。

「特別かどうかの判断基準は？」という質問には、次のようにお答えしています。

「**社長が特別だと思えば、特別損失で落とせばよい**」

図4　特別損失の活用

（単位:百万円）

項目	金額	
【売上高】		30,000
期首棚卸高	1,500	
商品仕入高	19,000	
期末棚卸高	2,500	
【売上原価】		18,000
売上総利益		12,000
【販売費および一般管理費】		8,000
営業利益		4,000
受取利息・配当金	10	
雑収入	150	
【営業外収益】		160
支払利息	200	
雑損失	560	
【営業外費用】		760
経常利益		3,400
役員退職金	1,200	
特別償却費	900	
棚卸資産廃棄損	300	
棚卸資産処分損	100	
固定資産売却損	300	
固定資産除却損	200	
貸倒損失	100	
その他特別損失	600	
【特別損失】		3,700
税引前当期純利益		▲ 300
【法人税、住民税および事業税】		0
当期純利益		▲ 300

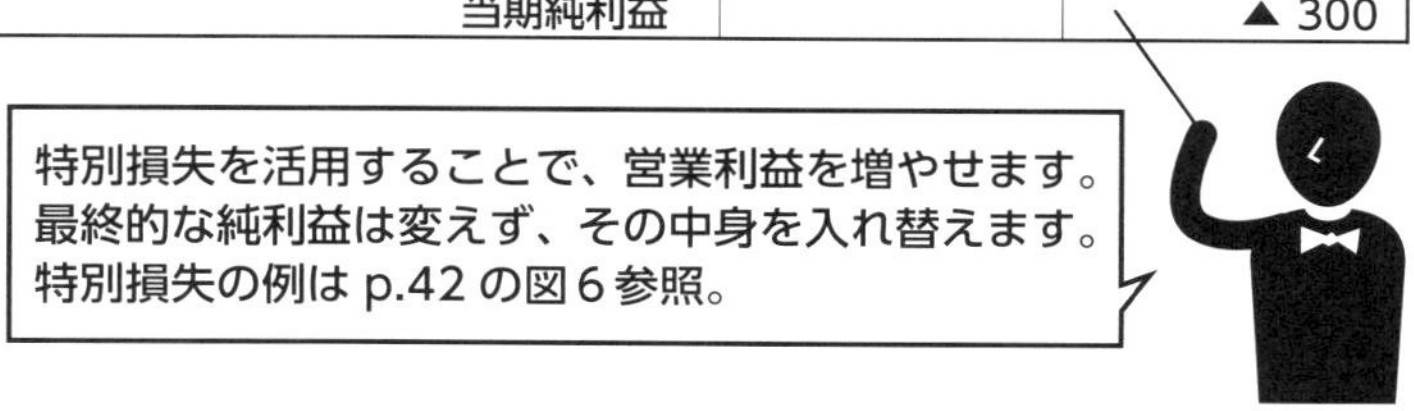
特別損失を活用することで、営業利益を増やせます。
最終的な純利益は変えず、その中身を入れ替えます。
特別損失の例は p.42 の図 6 参照。

図5　営業利益、経常利益を増やす工夫

	工夫前	➡	工夫後	
売上高	3,000		3,100	
(△) 売上原価	2,400		2,000	
(=) 売上総利益	600		1,100	
(△) 販管費	900		700	
(=) 営業利益	▲ 300		400	(+700UP)
(+) 営業外収益	200		100	
(△) 営業外費用	100		100	
(=) 経常利益	▲ 200		400	(+600UP)
(+) 特別利益	50		50	
(△) 特別損失	0		600	
(=) 税引前利益	▲ 150		▲ 150	
(△) 法人税	0		0	
(=) 当期純利益	▲ 150	=	▲ 150	※最後の利益は同じ

③100を売上高へ
①400を特別損失へ
②200を特別損失へ

常に、営業利益、経常利益を大きく見せるために、①②③のような視点をもつことが大切です。

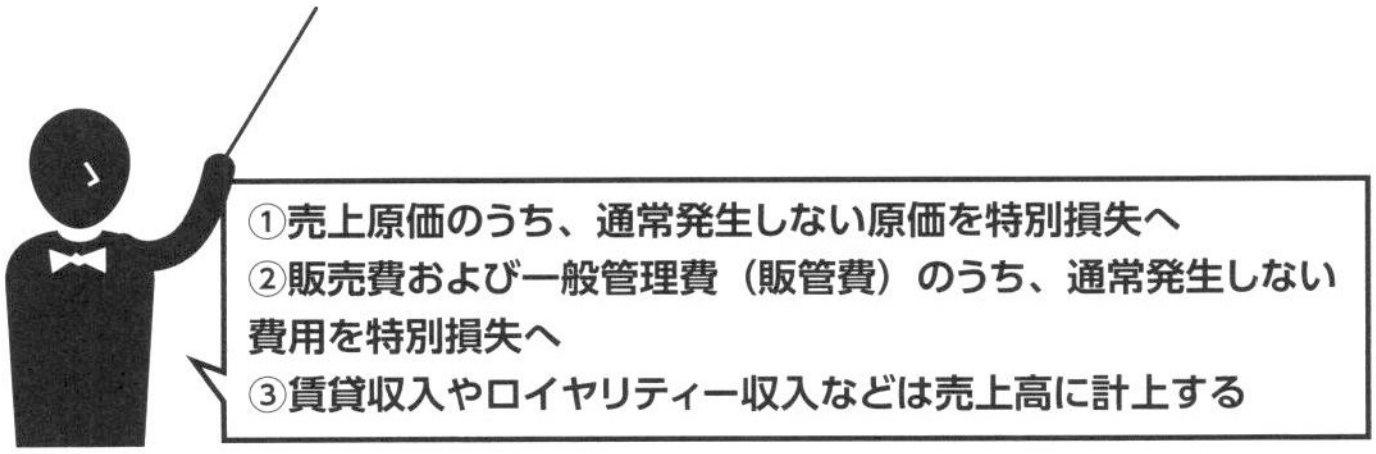

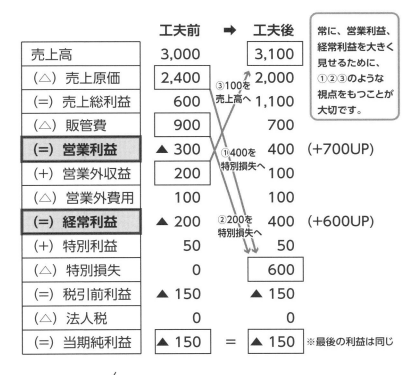

③賃貸収入やロイヤリティー収入などは売上高に計上する

図6　特別損失の例

特別損失の例	説明
役員退職金	退職した役員に支払う退職金　p.200 参照
特別償却費	特別償却、即時償却を活用した際に上乗せする減価償却費　p.114、p.180 参照
棚卸資産廃棄損	売れ残り商品、使用見込みのない原材料等を廃棄した際の在庫金額　p.100 参照
棚卸資産処分損	売れない商品を処分するための値引額　p.43 参照
固定資産売却損	土地・建物などを売却したときの帳簿価格と売却額との差額（損失）　p.125 参照
固定資産除却損	機械、備品などを廃棄したときの帳簿価格　p.145 参照
貸倒損失	売掛金や貸付金で、努力しても回収不能な金額　p.92、p.96 参照
特別修繕費	定期修繕とは異なり、非日常的な修繕費用　p.149 参照
災害損失	災害における被害額
有価証券売却損	有価証券を売却した際の帳簿価格と売却額との差額（損失）
周年記念費用	「周年行事」など記念行事に関する支払い
特別賞与	毎年は支払っていない賞与
移転費用	事務所や工場の移転に伴う費用

この科目なら特別、この金額なら特別というルールはハッキリとしていません。なので、こじつけでもいいので、特別な理由をつくってしまえばいいのです。

「銀行や税務署は、何かいってこないのでしょうか」と心配されますが、銀行は損益計算書の特別損失が本当に特別かどうかまで確認しません。１つ１つ丁寧に確認している時間はないからです。

また、税務署が興味を示すのは、税引前利益だけです。脱税せず、税金をきちんと払ってくれさえすれば、それでよいからです。

先ほどの九州葬祭の上山社長に、私は次のように提案しました。

仏壇や仏具など**特売時の値引き分を「棚卸資産処分損」**として特別損失にしましょう。

これで、九州葬祭の営業利益は黒字化したのです。

5 優秀な経営者ほど、稼いだお金の社外流出を防いでいる

会社にお金を残す方法は、現金収入を増やすか、現金支出を抑えるかのどちらかです。しかし、このご時世で、収入を増やすことは簡単ではありません。

となれば、支出を抑えることを考えなければいけないのです。

支出の中で仕入コストや経費を削ることは、どの会社でもやっています。しかし、銀行の金利と税金については、決して企業努力が十分に行われているとはいえません。

この金利と税金を、私たちは「社外流出」と呼んでいます。この社外流出をいかに抑えるかがとても重要です。

私たちの顧問先では、銀行金利は0・2％台が当たり前になっています（銀行交渉のノウハウについては、本書の目的とするところではないので割愛します）。また、税金については、本書に記すようなさまざまな節税策を提案し、指導しています。

多くの会社をお手伝いしていると、次のようなことがわかりました。

- 財務体質が健全な会社には、財務に強い経営者がいるということ
- 財務に強い経営者は、社外流出（金利、税金）を防いでいること
- そのための情報や知恵にはお金と時間を惜しまないこと

社内の経費をケチケチするより節税に力を入れるほうが、何倍も効率的なのです。

◉節税のヒントは貸借対照表（B／S）にあり

節税を上手に行うには、貸借対照表（B／S）の資産の部を活用することです。具体的には、次の２つがポイントになります。

①過去に手に入れた資産に隠れている含み損を吐き出すこと
②これから手に入れる資産をできるだけ経費で処理すること

まず①ですが、貸借対照表の左上（流動資産）には、現金のほか、売掛金や在庫など、短期間で現金化するものが並びます。左下（固定資産）には、不動産（土地、建物）や設備、株式など、すぐ現金にできないものが並びます。

左上の流動資産、左下の固定資産に、何らかの「含み損」はないでしょうか。含み損とは、いま帳簿に載っている金額と、実際に現金にできる金額（時価）との差です。

回収できない売上代金（売掛金）や貸付金、売れない在庫はありませんか。地価が高いときに買った土地、使わなくなった建物は、現在の評価が落ちていませんか。

こうした**含み損のある資産を処分して、損失を出す**ことが1つ目のポイントです。

次に②ですが、投資をすれば、普通は資産が増えます。しかし、**最新の税制を使えば、これを経費に計上できる**ようになります。

経費に計上できれば、税引前利益が少なくなり、法人税の支払いを抑えられます。本書では、そのために必要な知識をご紹介します。

●10社あれば10通りの節税法がある

本書では、次の切り口で節税の考え方や節税策をご紹介していきます。

①会社の規模（大企業か、中小企業か）
②資産の中身（流動資産が多いのか、固定資産が多いのか）
③読者の立場（オーナー経営者か、経営幹部か）

会社やご自身の状況を踏まえ、次のうち気になったところからお読みください。

・中小企業のメリットを生かす対策　↓　第２章
・資産の中身によらず、どの会社にも使える対策　↓　第３章
・売掛金や在庫などの流動資産が多い会社に使える対策　↓　第４章
・不動産や設備などの固定資産が多い会社に使える対策　↓　第５章
・これから固定資産を買う予定の会社に使える対策　↓　第７章
・とくにオーナー会社の経営者に知っていただきたい対策　↓　第６章、第８章

第2章

会社を小さくすれば社外流出はなくなる

1 会社の優劣は規模では決まらない

私は、会社をいたずらに大きくする必要はないと考えています。しかし、会社は大きいほうがよい、と考える人が多いようです。なぜ、そのように思うのでしょうか?

「会社が大きければ信用が増す」と考える人もいます。では、「あの会社は信用がある」というとき、何を根拠に考えるでしょうか。「規模が大きい」「上場している」「歴史がある」「広告や宣伝でよく見る」など、答えは人それぞれですが、なんとなく「あそこは大丈夫」と考えていることが多いようです。

ところが、誰もが知っている大きな会社でも、経営危機に陥っています。

1990年代には、山一證券や北海道拓殖銀行などの超大手の金融機関が、最近ではJAL、シャープ、三洋電機、東芝などが経営破綻の危機に陥りました。いずれも、「マサカ、あの会社が……」ということで、強い衝撃を覚えました。

果たして、売上○兆円、従業員○万人の巨大企業だから安心なのでしょうか？

◉ムダな資産を減らせば企業体力は向上する

優秀な会社かどうかは、２つの指標を見ればわかります。

①自己資本比率
②総資産経常利益率（ROA）

図7をご覧ください。

まず①の自己資本比率は、先述のとおり、会社の安全性を見る指標です。これが高ければ高いほど、借金が少なく、つぶれにくいといえます。業種によって合格水準は違いますが、一般的に30％以上で合格です。

次に②の総資産経常利益率（ROA）は、会社の収益性を見る指標です。「少ない資産で、どれだけの利益を稼いだか」ということです。こちらも業種によって合格水準は違いますが、一般的に10％以上で合格です。

図7　ムダな資産を減らせば企業体力は向上する

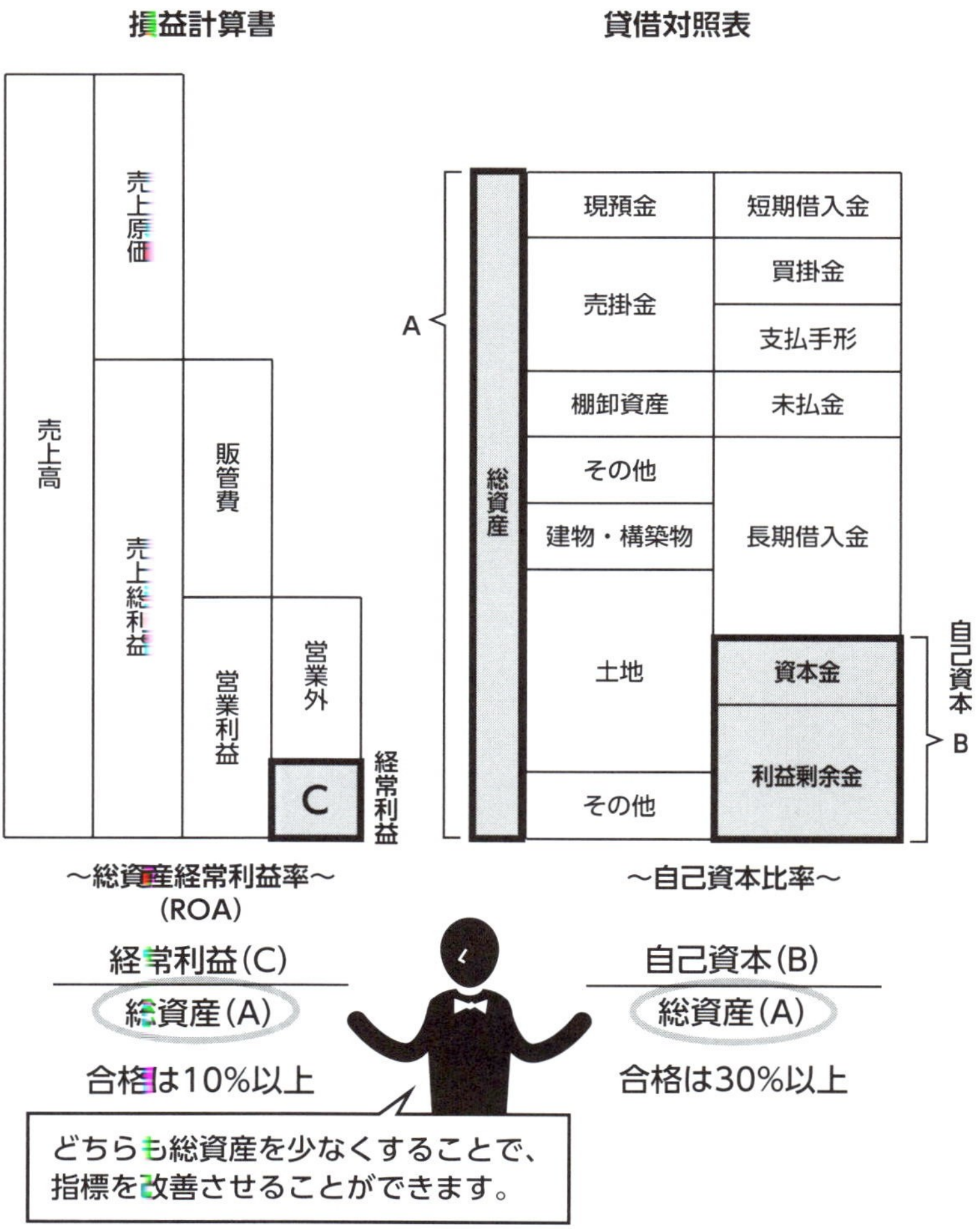

これらは、会社の規模に関係なく、共通して使える指標です。

この**2つの指標を改善するには、資産を減らす**ことが重要になります。第4章、第5章、第7章で説明する対策は、この話が中心となります。資産を削る、あるいは、資産ではなく経費で処理する対策を考えるということです。

その際、一時的に多額の損失を計上し、自己資本比率が悪化することがあります。しかし、その分、法人税の支払いはなくなり、稼いだ利益はまるまる貯まっていきます。数年後には、かえって自己資本比率は改善するのです。

なお、一時的な損失は特別損失（40ページ）として計上すれば、経常利益に影響はありません。

◉つぶれないために社外流出を抑える

優秀な会社になるために、もう1つ重要なことがあります。それは、**いま使える現金を増やしておく**ことです。

つぶれない会社にするために一番大切なのはキャッシュです。とくに中小企業では、今日はよくても、明日はどうなるかわかりません。ですから、次の2つのことを考えていただきたいのです。

①今期払わなくてよい税金は、将来に先延ばしすること

②将来、会社のピンチを救えるように、一族でお金を貯めること

第3章、第6章、第8章で説明する対策は、これらの話が中心になります。第3章以降の内容は、上場会社のような大企業では、正直、実行しにくいものです。多額の損失を出す、あるいは一族でお金を貯めようとすれば、投資家から批判されるからです。

それに比べて、中小企業では利害関係者が少ないので、いまからでもすぐに対策できます。重たい鎧《よろい》をまとった大企業と、背負うものが少なく身軽な中小企業。

会社を小さくすれば、その分、いろいろな対策が打ちやすく、社外流出を抑えられるのです。

2 中小企業というメリットを生かしなさい

中小企業は、少しの風が吹いただけで、すぐに足元がぐらつきます。私たちは、風が吹いても倒れないように、中小企業に対して指導を行っています。指導に行くと、中小企業ならではのメリットを生かせていない会社が多いです。これは大変もったいないことです。新聞を見ると、「政府は大企業しか見ていない」という経営者や世間の声を目にします。しかし、税金という点に関しては、その指摘は当てはまりません。

政府は、中小企業にメリットのある制度をたくさん用意してくれています。「そんなものは知らない」とおっしゃる方は、残念ながら、そうした情報をご存じないのです。

とくに、中小企業にとって大きいのは設備投資に関する優遇税制です。政府は、世の中にお金を循環させて、景気をよくしたいと考えています。そのため、とくに投資という面で、中小企業に有利な制度を用意しています。

◉中小企業とは資本金1億円以下の会社

先ほどから中小企業、中小企業といっていますが、中小企業とはどんな会社でしょうか。税金面でいえば、**資本金が1億円以下なら立派な中小企業**です。資本金が1億円以下の会社には、次のようなメリットがあります。

①通常の減価償却に加えて、さらに減価償却を上乗せできる「特別償却」（第5章、第7章）
②資産を買っても30万円未満なら、すべて経費にできる「少額減価償却資産の特例」（第5章）
③多額の損失が発生したら、最大で10年間は税金を払わずに済む「繰越欠損金」（第5章）
④多額の損失が発生したら、前年の法人税を取り戻せる「欠損金の繰戻還付」（第5章）
⑤交際費を800万円まで経費に計上できる（第6章）
⑥法人税率が優遇されている（第6章）
⑦住民税が安い（数万〜10万円程度安く済む）
⑧外形標準課税がかからない（後述のとおり）

⑨税務調査には税務署が対応する（資本金1億円超は国税局対応）

これらのうち、①②**については新規投資の予定があれば絶対に使うべき**制度です。また③④**を使えば、大赤字を出した際に大きなメリット**を受けられます。⑤⑥**はグループ会社を使うことで、その効果を最大限に**できます。

これらは、いずれも後ほど詳しくご説明します。

◉大企業にとって重たい外形標準課税

ところで、先の⑧外形標準課税は、資本金が**1億円を超える**会社が払う税金です。

この税金は、**利益が出なくても（赤字でも）、次のとおり発生する**ものです。

- **資本金の0・2％（資本割）**
- **人件費や支払利息等の合計額の0・5％（付加価値割）**

通常、税金は儲かっている会社にかかりますが、この税金だけは違います。大企業なら一律に税金をとるべきだということで、今から15年ほど前にできました。

資本金が大きく、人件費や支払利息が巨額な企業であれば、バカにならない金額です。一時期、有名企業で資本金を減らすニュースが相次ぎました。なぜかはもうおわかりですね。外形標準課税の免除など、税務メリットをできるだけ取れるようにするためです。

ほとんどの中小企業で資本金が数千万円なのは、背景にこうした理由があるのです。

「資本金は会社の信用力を表すバロメーター」というのは過去の話です。10年以上も前に会社法が改正され、いまは資本金1円から会社がつくれます。もはや資本金で勝負する時代ではありません。

3 減資をして資本金を１億円以下にする

中小企業のメリットを生かすために、いますぐに資本金を減らしてください。とはいっても、「やっぱり信用が……」と抵抗される経営者もいらっしゃいます。そう思われる方は、次の会社が資本金1億円以下だとご存じでしょうか？

・あきんどスシロー　資本金１億円
・アイリスオーヤマ　資本金１億円
・東急百貨店　資本金１億円
・ヨドバシカメラ　資本金３０００万円

実は、日本銀行も資本金は1億円です。果たして、資本金は信用のバロメーターになっているのでしょうか。

◉資本金を減らしたら経費が1億円増えた！

北陸地方で飼料製造を手掛けるＨＯＫＵＹＯの山下社長から相談を受けました。

「最新の飼料の研究成果を確かめるため、豚舎の建設を行う計画です。そこで、教えていただいた即時償却（１８０ページ）の制度を使いたいと思っています。この豚舎は、全部で１億円かかるんですが、実は補助金が５０００万円出るんです。わが社の今期の営業利益はだいたい５０００万円ほどの見込み。だから、即時償却できれば、いうことなしです。ただ１つ問題があって、資本金は２億円もあるんです。わが社の技術を高く評価してくれた大企業が、相次いで出資してくれたためです。このままだと、特別償却は使えませんよね。いい方法はありませんか」

「社長、対策は簡単です。資本金を減らしてしまえばいいんですよ。みなさん心配されますが、しっかり説明をすれば、株主も賛成してくれます」

その後、２カ月がたち、改めて山下社長に電話を入れました。

「どうでしたか？　株主の大企業から何かいわれましたか？」

「いえいえ、なんの反対も出ず、無事に終わりました。わが社は、なぜこれまで大企業にしていたのでしょうか。もったいなかったですね」

こうしてＨＯＫＵＹＯは無事に中小企業に生まれ変わったのでした。

◉減資をしても株主への影響はない

資本金を減らすことを「**減資**」と呼びます。

減資というと、難しそうだし、面倒くささそうに思われがちです。これは、司法書士が専門ですが、やってみると、意外に難しくはありません。

減資には有償減資と無償減資の２種類ありますが、よく使うのは〝無償減資〟です。これは、株主にお金を払い戻さず、帳簿上だけで資本金を減らす方法です。主な手続きとしては、次の２つです。

①株主総会の特別決議（株主の3分の2以上の賛成を得る）
②債権者保護の手続き（大口債権者に「減資します」と知らせる）

中小企業であれば、どちらも問題なくできるでしょう。ただし、経験したことがない人は「本当に問題なくできるのか」と不安に思うものです。

実際に減資をお手伝いした中国テックの山中常務から質問がありました。

「減資をすれば、資本金が減るので、株主から大反対が来るように思いますが？」

中国テックは上場していませんが、株主が２００名います。常務が心配されるのも無理はありません。

結論的には、**資本金が減っても、株価にも銀行の評価にも影響を与えません。**

減資をして、資本金を減らすと、資本金が資本剰余金に振り替えられます。つまり、**図8**のとおり、自己資本の総額は変わらないのです（名前が資本金か資本剰余金かの違い）。

このため、株価が下がることはありませんし、金融機関からの評価も変わりません。

この点を山中常務に説明し、株主総会の資料作成をお手伝いしました。

後日、山中常務から「株主から何もいわれませんでした」と報告がありました。

資本金が1億円を超えている会社には、ぜひとも減資することをお勧めします。

図8　減資前と減資後の貸借対照表

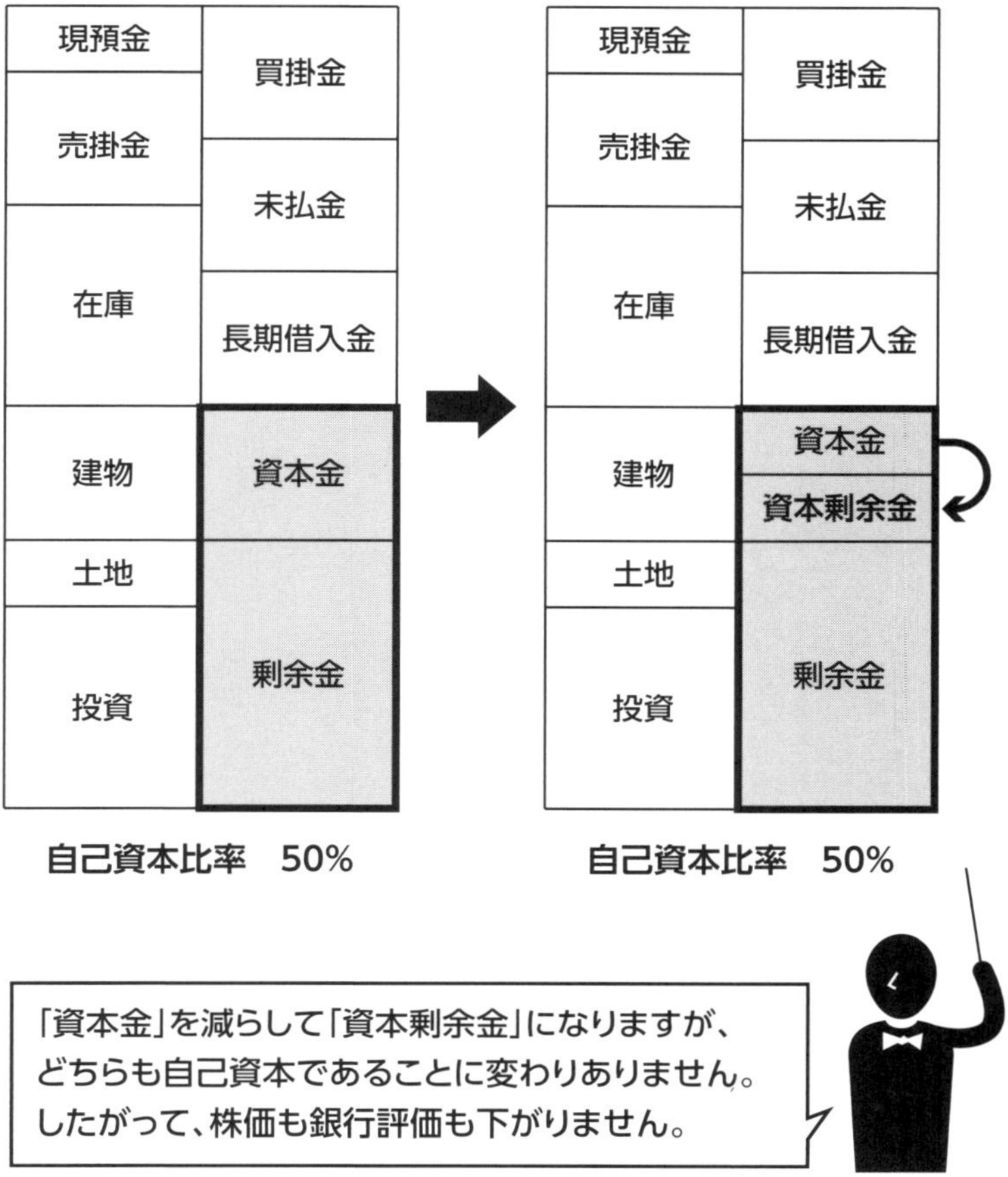

4 小さい会社には税務調査もやってこない

税務調査は、誰にとっても気持ちのいいものではありません。調査官は「あなたは怪しい。絶対に何かやっている」と疑ってかかってきます。脱税しているわけではないのに、「何か悪いことをしている」という気持ちにさせられます。

「私は何もやましいことをしていないのに、税務調査なんておかしい」

大半の経営者は、このように思っていますが、やっぱり落ち着きません。というのも、どこかでちょっと後ろめたい部分を感じているからです。

「あれを指摘されると、ちょっと困るな……」と思っているのです。

とくに、中小企業の経営者は、会社の経費を上手に使っているので、その上手な経費の落とし方が、税務署の目には〝けしからん〟と映ることもあるのです。

「税務調査が入らないとわかれば、もっと上手にやるのになぁ」

税務調査を完全になくすことはできませんが、何かよい方法はないでしょうか。

◉税務調査官もサラリーマン

税務調査を担当している調査官は、国家公務員である税務署の職員です。税務署といっても組織ですから、当然、出世競争があります。

出世のポイントは酒が飲めること、実力よりもゴマすりだとは、税務署ＯＢの話です。真偽はともかく、調査官の評価は、毎年の人事評価で決められます。

「調査でいくらの修正額を見つけたか？（打点）」

「10社調査して、何社修正させたか？（打率）」

打点と打率が大きな評価項目となっています。

それにもまして、**とくにポイントが高いのが「重加算税」の対象を見つけること**です。

「そもそもなかった取引をあったように偽装した」「あった取引をなかったように隠した」という場合が、重加算税の対象となります。

少額でも重加算税の対象を見つけると、人事評価でかなり有利になります。

また、**税務署の新年度は7月から**です。４月ではありません。

ということは、新年度早々の7月は、調査官も気合が入っているということになります。税務署の人事評価の対象期間は、7月から次の年の3月までです。**7～12月にかけては、ポイントゲットのために、とくに調査官は気合が入る**ようです。

反対に、4～6月は税務署内の人事評価も終わり、異動前ということで、調査官も気が緩みます。調査官にも、やる気がある時期とやる気がない時期があるということです。

ちなみに、毎年7月には、税務署全体の3分の1の職員が異動するといわれています。**3年たてば、税務署の職員はすべて入れ替わってしまう**のです。

◉小さい会社で1月決算なら目立たない

残念ながら税務調査から逃げることはできません。せめて、税務調査が入りにくくなる対策として、何かできることはないでしょうか。

1つの対策は、**会社を小さくすること**です。

先ほどご説明したように、調査官の評価ポイントの1つは「修正額」でした。税務調査に入って、指摘して、追加でたくさんの税金を払わせようと考えるのです。となれば、当然、金額が大きな会社を調査しようということになります。

また、先ほど、春先の税務調査には力が入りにくいとも述べました。実は、決算日と調査時期というのは、ある程度、関連性があります。

それなら、春先に税務調査が入ってもらえるように、決算日を工夫すればよいのです。

そういう観点からは、**決算期を１月あるいは12月にするとよい**といわれます。

会社規模と決算期をコントロールするのも立派な税務調査対策の１つです。

ちなみに、先ほどの**重加算税をとられると、間隔を置かず、すぐに調査が来ます**。

また、税務署にいわれるがまま、すぐに修正をする会社も調査が入りやすくなります。

「この会社は、すぐおみやげ（重加算税や修正申告）をくれて、いい会社だなぁ」と、税務署がますますおみやげを求めにやって来るのです。

重加算税はもちろん、すぐにおみやげ（修正）を渡さないようにすることも大切です。

第3章

電話1本、届出1枚でキャッシュをつくる

1 電話加入権は1本100円で売る

ここからは、会社にお金を残すための具体的な税務対策を紹介していきます。

まず、自社の貸借対照表の左下の「無形固定資産の部」を見てください。10社中9社は「電話加入権」というものが見つかるでしょう。

通常、貸借対照表の左側（資産の部）には、価値のあるものが並びます。ところが、この電話加入権は資産としての価値はありません。価値がないのに、貸借対照表に載りつづけているのは、なぜでしょうか。

私は、M&A（会社をまるごと売買すること）のお手伝いもしています。M&Aでは、売却対象となる会社の価値がいくらなのか、決算書を使って査定します。すると、どの会社も見事に電話加入権があります。

この**電話加入権を査定すれば、絶対に〝ゼロ円〟評価になります。**

帳簿に載っているけれど、実質的に価値がない資産の処理方法は2つあります。

1つは、資産の評価を下げる方法（いわゆる、評価損を計上する方法）です。しかし、税務上、電話加入権については、この方法を使うことはできません。

それなら、方法は1つしかありません。そう、売却するのです。

しかし、顧問税理士からは「売ることはできない」「税務署から否認される」といわれます。だから、いまだに自社の貸借対照表に電話加入権が載っているのです。

◉電話加入権の正体とは

電話加入権とは、電話回線を引くときの工事代金の負担金です。昔は1本で8万円する時代がありましたが、段々と減額され、現在は4万円を切っています。

権利というのは名ばかりです。これをNTTに返還しても、お金は戻ってこないため、早速、**1本1000円で社長個人（あるいは、他のグループ会社）に売却しましょう。**

すると、顧問税理士から、次のようにいわれます。

「電話加入権を売却するなんて聞いたことがない」「危ない橋を渡る必要はない」

しかし、そういう税理士は、「**電話加入権等譲渡承認請求書**」の存在をご存じないのです。

いまは昔と違い、NTTのホームページに、電話加入権の売却手順の説明が書かれています。**「116」に電話してみてください**。書類の書き方を含めて、手順を教えてもらえます。売却しても、これまでどおり電話を使えるし、電話料金の支払いもこれまでどおりでOKです。

会社と社長の間で、1本1000円で電話加入権に関する売買契約書を結びましょう。NTTへの譲渡承認請求書と売買契約書があれば、電話加入権は経費に落とせるのです。

●加入権売却には経済合理性がある

赤川工業は、大手工作機械メーカーの代理店として、全国に15の拠点があります。設立以来45年、優れた販売力で年商は60億円を超えるまでに成長しました。現在の拠点網は、設立してから20年くらいの間に張り巡らされました。

当然、固定電話も多数設置されており、電話加入権が全体で1200万円もありました。電話加入権の売却を指導したところ、顧問税理士から次のように指摘されたのです。

「取引自体に経済合理性がないので、税務調査で否認されかねません」

もし、自社の税理士から同じように指摘されたら、このようにいってください。

「電話加入権の売却が否認された実例はあるのでしょうか？　売れない資産を売却しないで持ち続けるほうが、よほど経済合理性がありません」

電話加入権を売却すれば、少しですが、総資産を減らすことができます。売却損失は、特別損失に計上すれば、営業利益や経常利益には影響がありません。すると、**総資産経常利益率（ＲＯＡ）が少し改善し、経済合理性は立派に成り立つ**のです。

顧問税理士の考えを素直に聞いていては、お金は貯まっていきません。

その後、赤川工業の税務調査で、この件が指摘されることはありませんでした。

さぁ、いますぐ〝１１６〟に電話をかけてみましょう。

2 年間240万円の経営セーフティー共済に加入する

優れた節税アイテムの割に使われていないのが、「**経営セーフティー共済**」です。

中小企業では、売上を1社に依存している下請会社も多くあります。そんな状態で、大口得意先が倒産、売掛金が回収不能になれば……、途端に資金繰りが悪化し、最悪の場合、連鎖倒産の危険も出てきます。

それを防ぎましょうというのが、この経営セーフティー共済という保険です。次のような特徴があります。

①掛金の支払先は中小機構という独立行政法人
②掛金は毎月5000円〜20万円（5000円刻み）で自由に選べる
③掛金はすべて経費で落とせる

④1年分前払いしても、経費に計上できる（最高240万円の前払いが可能）
⑤掛金総額は通算して800万円までが限度
⑥掛金は減額も増額もできる
⑦倒産がない場合は、40カ月経過後なら全額返金してもらえる
⑧倒産時には、無担保、無保証で掛金総額の10倍まで借入できる（ただし、利息は実質10%となるため注意が必要）

この保険に加入する場合は、取引銀行を通じて手続きをしてください。

●実は加入していることも多い

海野工業は、創業40年を超える精密機器の部品メーカーです。技術力に優れた高収益体質の会社ですが、いわゆる管理することには無頓着です。

中小企業でよく見られるような典型的な会社なのです。経営管理部長は、5年前に地元企業を退職した創業者の親戚が務めています。

私が経営セーフティー共済への加入をアドバイスしてから1週間後に電話がありました。

「ご指導いただいた共済ですが、決算まで間もないので、手続きをしてみたところ、**実は過去に加入していた**ようなんです。私が海野工業に入社する5年前から掛け続けていたようで、まったく知りませんでした。ただ、月々の掛金が1万円と少なかったので、来月から20万円に引き上げます」

大企業も中小企業も、入退社のときの引き継ぎなど、ろくに行われません。こうした共済に加入している事実についても、前任者からの引き継ぎはなかったのです。

海野工業からすれば、思わぬ形で簿外の埋蔵金が見つかったわけです。

実は、こうした例は、私の顧問先では海野工業以外にも数社ありました。みなさんの会社もひょっとしたら、ひょっとするかもしれませんよ。

●グループ会社でも使えばメリットは最大限に生かせる

「これは単なる利益の先送り。長い目で見れば変わらない」

経理マンや税理士のほとんどは、こうした保険について、このように考えます。

しかし、経営者の目線に立てば、この考えは大きな間違いといえます。経営者は常に「今日はいいけど、明日はどうなるかわからない」と考えています。それなら、いまこの瞬間に、節税できるものはしておくべきなのです。

グループ企業を複数持っている会社があれば、その会社でも共済に加入しましょう。

例えば、グループ企業が５社あったとします。これから新規に加入し、かつ、１年分の掛金を前払いするとします。

すると、２４０万円×５社＝１２００万円を経費に計上することができます。

また、各社が限度額まで掛ければ、合計で４０００万円の埋蔵金が貯まります（１社あたり限度額８００万円×５社＝４０００万円）。

掛け続けて約４年が経過し、解約すると全額が戻ってきます。解約時に戻ってくるお金は、雑収入として利益に計上されます。

大きな損失が発生した期に解約すれば、損失と相殺されて税金を払わずに済むのです。

ちなみに、この共済は、解約後に改めて加入することも可能です。

１社だけでなく、グループ会社にも使うことで、メリットを最大限に生かしましょう。

3 全額損金の生命保険に加入する

決算ギリギリの節税対策の代表選手が、役員の生命保険です。

節税という点からいえば、全額損金の保険（全額経費になる保険）に入るのが一番の対策です。全額損金の保険は、確かに解約返戻率が高くありませんが、それでも保険は保険です。**保険は、何かあれば守ってくれます。**返戻率の高さだけで決めるべきではありません。

この保険商品については、金融庁と保険会社でイタチごっこの繰り返しです。全額損金の商品が現れては消え、現れては消えています。

目まぐるしく変わる商品の知識や特徴を一から理解するのは至難の業です。かといって、保険のおばさま（外交員）で、最新の保険商品に精通した人はいません。手っ取り早いのは、保険のコンサルタント会社に依頼することです。彼らは、あらゆる保険会社の最新商品のメリット、デメリットを比較・研究しています。

「保険コンサルタントは自社の儲けのことしか考えない」と批判する人がいます。しかし、法人相手の保険の場合は、満足してもらえれば、継続して使ってもらえます。一般個人のように1回限りの付き合いではないので、彼らもプロとして努力しています。

現在は、ガンにかかっても入れる保険も登場しています。まさに日進月歩の世界です。

◉意外に知らない保険の活用術

「今期は利益が出るけれど、来期以降の業績はまだわからない」という会社は多いです。この場合、高額の保険料を払い続けられる自信がなく、結局、保険加入を見送ります。

しかし、保険は一部解約できます。来年以降、**業績が悪くなれば、保険料を減額すればよいの**です。

ここで、半額損金タイプの逓増定期保険を使った経営者個人の節税術を紹介しましょう。この**保険の解約返戻率は、４年目は13％ですが、５年目では95％に跳ね上がります**。

例えば、加入して４年目に、社長が１３００万円を支払い、会社から個人で買い取ります。その後、１年分の保険料を個人で払ったあと解約し、〝**払い済み**〟とします。

すると、その後、何かあれば、いつでも９５００万円の解約返戻金を受け取ることができるのです。

おまけに、解約返戻金は、一時所得となり、個人としての税金はかなり優遇されています。

これは、**1300万円で保険という商品を仕入れて、それを9500万円で売るようなもの**です。逓増定期保険の活用方法として、このような方法もあるのです。

◉保険の受け取りをコントロールしよう

農業資材の卸売業を営むトキワの4代目の水沢社長は45歳でした。社長に就任して3年目、これからというときに、ガンが見つかりました。

大変なことに、トキワはこの水沢社長に多額の生命保険を掛けていました。もし、水沢社長が亡くなれば、8億円もの保険金が一気に入ってくるという状況だったのです。

そうなると、3億円近い法人税（約40％）を払わなければならなくなります。

どうしたものかと、創業家出身の常盤会長から相談を受けたのでした。

このとき使ったのが、**「年金受取払い」**という特約です。

これは、**死亡保険金を5年、10年、20年と分割で受け取れる**ようにする特約です。亡くなる前日でも申請用紙1枚に捺印するだけで、手続きは完了します。

この特約は、保険契約を結んだあとにしか申請できません。保険のセールスマン、保険会社の本部の人間でも知らない人がほとんどです。

水沢社長が亡くなる直前に手続きをして、トキワは10年分割での受け取りを選択しました。つまり、1年あたり8000万円の雑収入が10年間続くことになったのです。

10年あれば、その間に、大型の節税策を打つなど、計画的に対策ができます。

ちなみに、会社が死亡保険金を受け取るには、遺族の承諾書が必要になります。その承諾書には、会社が受け取る保険金の額が書いてあります。そこに「×億円」と書かれていたら、遺族はその金額がもらえるものと勘違いしてしまいます。

このときに、退職金は会社の規定に従って支払うことを確実に伝えましょう。将来のトラブルを防ぐことも、重要な出口戦略といえるでしょう。

4 役員賞与も経費で落とす

新たな期がスタートするとき、経営者の気持ちはいつも揺らいでいます。

「へたに利益を出して税金を払うくらいなら、役員報酬でもらってしまいたいなぁ。でも、役員報酬を高くしすぎて、結果的に赤字になっては元も子もないしなぁ」

経営者が役員報酬を決める期首の時点で、1年間の業績を見通すことは困難です。中間期を過ぎたあたりから、ようやく期末の見通しがわかります。

「このままだと利益が出すぎる」というとき、経営者が考える対策としては、①役員報酬を増やす、②従業員にボーナス（賞与）を出す、③役員に賞与を出す、の3つです。

①の役員報酬ですが、**昇格、大幅な職務変更を除いて、期の途中で役員報酬は増やせません**。正確にいえば、役員報酬を増やすことはできますが、経費にすることができません。

一方で、②の従業員への賞与は経費にすることができます。決算日に未払いでも、個人別に通知して1カ月以内に支払えば、経費にできます。

ただし、賞与に対する考え方は、経営者と従業員で大きく違います。経営者は「払ってあげている」、従業員は「もらって当然」なのです。ですから、従業員に賞与を支給する場合は、次のことをしっかりと伝える必要があります。

「支払う余裕があるときには多く払う。その代わり、業績が悪ければ支払わない」

そのうえで、従業員に定期預金口座をつくらせ、賞与を積み立てさせている会社もあります。

◉役員賞与の支給はゼロか満額か

では、③の役員賞与についてはどうでしょうか。役員賞与は、従業員と違って、いきなり賞与を出しても経費としては認めてもらえません。このため、役員賞与は経費にならないと思い込んでいる経営者が多くいらっしゃいます。

しかし、そんなことはありません。役員賞与の支給額をあらかじめ税務署に申請しておき、そのとおりに支払えば、経費として計上できます。

それが「**事前確定届出給与**」という制度です。

これは、役員Aに○月○日に○○万円支給しますと、あらかじめ税務署に申請しておくものです。

例えば役員が5人の場合、5人それぞれの支給予定額を申請しておきます。Aさんは100万円、Bさんは200万円、CさんはゼロでもOKです。5人全員に同額の賞与を支給しなければならないというものではありません。

そして、ここからが勘違いしやすいところです。

業績がよければ、当初申請した満額を払い、業績が悪ければ、一切払わないでください。Aさんに満額を支払い、Bさんはゼロということでも問題はありません。

ただし、**1円でも増やして（減らして）払えば、経費に計上できません。**

当初の届出額100万円に対して、120万円支払った、90万円払ったではダメです。全額払うか一切払わないかの二者択一なのです。

この届出は期首から4カ月以内に税務署に申請しなければいけません。

また、**支給を見送る場合は、株主総会や取締役会の決議が必要**になります。

◉高額退職金をもらうなら、役員賞与ではなく月収を増やす

高額退職金をお考えの経営者は、役員賞与ではなく、月収を増やしてください。

先日、お話しした経営者に、このような方がいました。

「私の役員報酬は毎月50万円です。その代わり、役員賞与を８０００万円もらっています。社会保険料を安くするため、こうしているのです。ところで、来年、高額の役員退職金をもらおうと思っていますが、大丈夫でしょうか？」

役員賞与にかかる健康保険、厚生年金は、賞与の金額に応じて高くなりますが、これらの社会保険料には、それぞれ上限額（５７３万円、１５０万円）があります。つまり、賞与が６００万円でも８０００万円でも、社会保険料は変わらないのです。

この経営者は、このことを利用して、役員賞与を極端に増やしていたのです。

しかし、役員退職金の計算では、月収が重要なポイントになります（２０４ページ）。

いくら高額の役員賞与をもらっていても、退職金の計算の基礎はあくまで月収です。

年収÷12カ月＝月収とはなりませんので、ご注意ください。

5 家賃を1年分前払いする

会社の経費として大きいのは人件費ですが、賃借料も見逃せません。賃借料の中には、地代、家賃のほか、リース料を含めている会社もあります。

決算直前で、節税策が尽き果てたという場合は、この賃借料を使って節税しましょう。専門用語になりますが、「**短期前払費用**」という制度を使うのです。

例えば、3月決算の会社なら、3月に来期1年分の家賃を前払いします。普通は、将来発生する費用の前払いは経費になりません。ただし、賃借料に関しては、それが経費として認められるのです。

この場合、**契約書の契約期間、家賃支払方法を変更したうえで、年払いに変更しましょう。**

変更のポイントは、支払った日から1年以内の家賃の前払いでなければいけないということです。例えば3月決算の会社で、3月末に4月から翌年3月の家賃を前払いするのは

ＯＫです。しかし、４月から翌年３月の家賃を２月に前払いした場合は、経費として認められません。

契約期間、年払いの時期には注意が必要です。

◉グループ会社なら変更しやすい

契約書を変更するとなると、面倒に感じるかもしれません。相手がＹＥＳといってくれないことには、前に進むことはできないからです。確かに、第三者との賃貸借契約の場合、契約変更のハードルはやや高めになります。

また、家賃の引き下げ交渉をしているような場合には、注意する必要があります。「１年分前払いできるなら、家賃を下げる必要はない」と思われる可能性もあるからです。

この点、中小企業では、会社の敷地が経営者の自宅の隣にあるということが少なくありません。土地や建物を経営者から借りて、会社が経営者に家賃を払っているのです。

貸主が経営者あるいはグループ会社であれば、契約変更のハードルはありませんね。

ただし、**身内同士の契約変更だとしても、契約書は確実に変更してください**。中小企業が税務調査で否認される原因の９割は、エビデンス（証拠書類）不足にあるからです。

面倒くさくても、のちのちの税務調査のことを念頭に置いて、必ず契約書を変更しましょう。

さて、私の仕事の1つにオフバランス（含み損を抱えた不動産の売却）があります。詳しくは125ページで説明しますが、これは大きな税務対策になります。含み損を抱えた不動産を、別のグループ会社に売却して、多額の売却損失を計上するのです。

売却した不動産は、これまでどおり使い続けられるように、売却先のグループ会社から借りることになります。

このときの家賃の支払いを年払い契約にすれば、さらに税金を抑えることができます。

◉リース料の前払いにも使える

この処理をすると、契約を変更した年は税金を減らすことができます。当然のことながら、2年目以降の節税効果はありません。

また、**毎年、契約内容をコロコロと変えるのはやめてください**。明らかな利益調整と見られれば、税務調査で指摘を受けることになります。

ところで、この「短期前払費用」は、家賃以外にも使うことができます。家賃以外でも、一定の条件を満たす費用は、前払い分を経費に計上できるのです。74ページで説明した経営セーフティー共済や生命保険も、これと同じ話です。

その他、機械設備のリース料、器具や機械の保守点検料なども該当します。難しい表現ですが、〝等質等量〟ということがポイントです。つまり、**常に同じサービスを受け取るものは、短期前払費用の対象になる**のです。

月刊誌の購読料や税理士報酬はどうでしょうか？

通常、こうした支払いは定額ですから、一見、これに該当しそうな気がします。しかし、受け取るサービスの中身は毎月異なるため、これを使うことはできません。

第4章

売掛金や在庫の多い会社のお金の残し方

1 回収できない売上代金は経費で落とす

「回収できそうにない売掛金について、顧問税理士から〝経費にできない〟といわれました。本当でしょうか?」と、顧問先の経理部長から相談を受けました。

顧問税理士は、この経理部長に対して、次のようにいったそうです。

「この得意先は、法律上は経営破綻しておらず、国税庁が定めた条件を満たしていません。国税庁が定めたルール（通達）では、経費処理はできません」

こういう話を聞くと、私は次のように考えます。

「回収できないのは本当なのか? 回収努力をしていなければ、落としてはいけない。でも、回収努力を懸命に行い、それでも回収できなければ、経費で落とせばいい」

私は、未回収の売掛金を回収するための指導も行っています。何社も指導していると、「回収できない」という報告は、実は間違いであることに気づきます。回収する努力を怠っているだけ、あるいは、そもそも何をしたらよいかわかっていないのです。

業種で見ると、建設業（下請けや資材業者）と医療介護で未回収が多いです。建設業では〝どんぶり勘定〟に加えて、現場所長を恐れて営業マンが督促に及び腰です。医療介護では、利用者にお金のことをいいたくないとスタッフが遠慮するのです。

●そもそも本当に回収できないのか？

回収するための努力ということで、次のような取り組みを行っているでしょうか。

①見積段階で決済条件をはっきりと相手に伝えている（お金の話は先にする）
②請求書の支払条件には〝これまでどおり〟ではなく、支払い日をハッキリ書く
③入金予定日の当日に経理から未回収先の一覧表を提出させている（遅くて3日以内）
④入金が遅れたら、すぐ電話して内容を記録する（嫌がられても、そもそも相手が悪い）
⑤入金遅れの状況に応じて送付文書を変える（毎月、同じ請求書を出し続けない）
請求書→入金のお願い→期日厳守のお願い→督促状（配達証明）→催告状（内容証明）
・入金のお願い「○月○日までに入金をお願いします」

・期日厳守のお願い「期日を厳守してください」
・督促状「お支払いいただけないなら、法的措置をとらざるをえません」
・これでだめなら、弁護士から催告状を出してもらいます（内容証明郵便）
⑥封筒に〝重要〟〝至急〟のスタンプを押し、速達で見た目にプレッシャーをかける
⑦書類郵送だけでなく、電話や直接訪問も織り交ぜて交渉する（夜討ち朝駆け）
⑧交渉の状況を営業マンが日報に細かく記録する
⑨裁判所を使うことをほのめかす（滞納者は「裁判所」という言葉に弱い）
・「支払督促」……簡易裁判所から督促状を出してもらう。書面審査でＯＫ
・「差押え」……実行せずとも、銀行や得意先への問い合わせを通じて信用が傷つく
・「少額訴訟」……1日で判決が下される（対象は債権額が60万円未満）

●税務署は「まだ回収できる」ことを証明する必要がある

こうした回収努力を行っても、なお回収できなければ、それは本当に回収できません。その状況をエビデンス（証拠書類）として残したうえで、経費で落としましょう。

税務調査で「この売掛金はまだ回収できるため、経費にはできませんよ」といわれた場

合、「売掛金が回収できる」という証明は税務署が行わなければいけません。「努力してもダメなんです。そこまでいうなら、そちらが証明してください」と反論するのです。税務署も〝もう回収できないなぁ〟と認めざるをえないほど督促をして、エビデンスを残すのです。

しかし、そもそも税務処理以前に、**経営的に見て、売上代金の未収はなくすべき**です。それには、**社風（経営者の考え方）を変える必要**があります。

①売上を多く上げた営業マンが偉いという**売上至上主義を改める。**

「売上さえ上げればいい」と考えると、金払いが悪い会社、信用力が低い会社に無理に売ることになります。

②都合の悪いことは報告しない、後回しにする**隠蔽体質を改める。**

提供した商品や物件、サービスに問題があれば、代金回収が難しくなります。そのために早めに回収活動をして、問題があれば、すぐにオープンにすることが大切です。

売上至上主義と隠蔽体質を改めることは、未収金を減らすうえで大切なことなのです。

2 ほったらかしの貸付金も経費で落とす

中小企業の貸借対照表では、「仮払金」「立替金」「短期貸付金」をときどき見かけます。

管理にだらしない会社はこの科目がとても多いのです。

これらの相手先で多いのは、経営者やグループ会社に対するものです。経営者自身あるいは、グループ会社との取引がだらしない会社は、必ずこれが出てきます。いずれも、会社がお金を出していて、まだ清算（返済）されていないものなのです。

従業員や役員の出張の際の仮払金は、期末までに清算しているでしょうか？　本来、経費で落とすことができるものが仮払金になっていませんか？　グループ会社への立替金は、期末までに回収しているでしょうか？　子会社への貸付金は、当初の返済条件どおりに確実に返済されているでしょうか？　全額回収できない場合、毎月少しずつでも回収しているのでしょうか？

お金が残っている会社というのは、まず、こうした科目が貸借対照表に出てきません。逆に、お金が貯まらない会社は、こうした勘定がずっと残っています。経費で落とすか落とさないかという前に、そもそもこの勘定をなくす努力が大切なのです。

◉子会社への貸付金は社長の退職金と相殺するしかない？

クリースは、家電用品の企画、開発を手掛ける会社として、今年で創業30年です。後継者の花輪専務から「決算書に多額の貸付金がありました」と相談を受けました。調べると、ジフという子会社に対する貸付金が２億円も計上されていたのです。

ジフは父である花輪社長が15年ほど前に、新規事業を行うために設立した会社でした。設立時、資金がなかったジフに対して、クリースから累計２億円の貸付がありました。ところが、肝心の新規事業は思うようにいかず、この10年は休眠状態に陥っています。

「この貸付金が返ってこないことは明らかです。なぜ何も対策をしていないのですか？税理士さんは何といっているのでしょうか？」と花輪専務に質問しました。

「来年、父親に退職金を３億円出す予定なので、そこで処理をするそうです」

つまり、社長に退職金を３億円出し、社長はそれで会社に返済するというわけです。

「社長は結局、退職金をもらえないことになりますが、それでいいんですか？」

「社長も〝まぁ、税理士の先生からいわれたら仕方ないよ〟といっています」

　私は、税理士に対して〝なぜ貸倒れとして処理できないのか〟確認させました。税理士からの回答に、思わずびっくりしてしまいました。

◉できない理由を並べるよりも、できるようにどうするかを考える

「ジフに対する貸付金を貸倒れとして経費処理すると、税務調査で否認されます。そもそも貸付を行った経緯、役員等が不透明で、役員会の議事録もありません。現社長の独断で貸付を行ったといわれても仕方ないでしょう。これは、クリースが花輪一族の同族会社だからこそできた、異常かつ不合理な取引です」

　これに対して、私は次のとおり反論しました。

「なぜ役員会の議事録や貸付契約書の作成を指導されなかったのでしょうか？　そもそも、資金需要がある子会社に対して、親会社が貸付をするのはよくある話です。中小企業に限らず、代表取締役の一存で貸付を決定することは、ある意味、当然です。親が子供を資金援助したが、状況は好転せず、回収不能になったため損失処理した。話としては、とても

シンプルで、異常かつ不合理な取引ではありません」

結局、ジフを特別清算し、貸付金は経費処理。社長はめでたく退職金を受け取りました。実は回収不能な貸付金は、国内子会社だけでなく、海外子会社にもありました。帳簿を調べると、海外子会社に対する貸付金1億円がここ5年ほど放置されていたのです。

クリースの顧問税理士は「子会社の決算書を見る限りでは、財務体質は悪くありません。このため、債権放棄しても経費として認められないでしょう」といっています。

私は、現地の会計事務所に依頼し、この子会社の真実の状態をレポートしてもらいました。子会社は、実質的には債務超過の状態であり、とても返済できる状態ではなかったのです。

このことを第三者からのレポートでハッキリさせて、結果的に、貸倒れとして経費処理しました。

できない理由を並べるより、どうすればできるのか、そのためにどんな書類が必要か、ということを顧問税理士に考えてもらいましょう。

3 現場主義で不良在庫を処分する

中小企業では、売上原価を「①前期末在庫＋②当期仕入高－③期末在庫」で求めます。

1年がたって決算書をつくるとき、①前期末在庫と②当期仕入高はすでに確定しています。一方で、③期末在庫は、期末時点の在庫単価×在庫数量で計算することになります。単価については108ページでご説明することにし、ここでは在庫数量について考えます。

在庫数量が少なければ少ないほど、売上原価は大きくなり、粗利益を減らすことになります。つまり、**税金を減らそうと思えば、③在庫数量を少なく計上することを考えればよいのです**。かといって、在庫をわざと少なく申告しろといっているのではありません（これは脱税！）。

ときどき、**決算前に仕入を増やせば、利益を減らせると勘違いしている方がいます**。しかし、仕入を増やせば、期末在庫は増えるため、結局、利益は減らせません。

さて、在庫数量は、期末日に実地棚卸を行って、確定させることになります。なので、棚卸で、期末残高を正確に数えることと、不良在庫を明らかにすることが大切です。在庫をダブって数える、または、捨てるべき不良在庫を捨てなければ、在庫数量は膨らみます。すると、③期末在庫が増えるため、売上原価は小さくなり、粗利益は増えるのです。

この意味では、棚卸は大変重要なのですが、**中小企業はこの棚卸を軽く見ています**。棚卸は、現場に任せず、経営者や経理マンが現場に行くことが重要なのです。

◉現地・現場に行かなければ真実はわからない

ここでは、棚卸のポイントを3つの事例で紹介します。

大手上場メーカーの協力業者である坂下電機の棚卸に立ち会わせてもらいました。

「この棚の一番上の在庫、数えていますか?」「あの奥に見える在庫、ほこりをかぶっていますよ」「この材料の納品日、5年前ですね」

結果、1000万円の不良在庫が見つかったのです。

次に、都内の空田病院は3つのクリニックを構えていて、毎月、医薬品を棚卸させています。棚卸表に医薬品の名前、単位、入数、単価などが印字されており、数量を記入させています。

1年前の棚卸表と比べて在庫数量が変わらないアイテムが数多く見つかりました。先生（医師）が代わり処方される薬も変わって、不良在庫がたくさん発生していたのです。

最後に、建築資材の卸売業を営むダイリクでは、一部の在庫を外部に預けています。「長い間取引している」という理由で現場確認は省略し、在庫証明もとっていませんでした。外部預け在庫が多いため調べると、「預けているはずの在庫がない」ことが判明しました。棚卸（在庫管理）に対する考え方が甘いと、こうしたことが実際に起きてしまうのです。

なお、ダイリクでは、毎年の決算で動きのない在庫は廃棄し、経理処理を行っています。決算から半年後、社長と自社倉庫を巡回していると、捨てたはずの在庫を見かけました。物流部長に確認すると、「捨て忘れていました」とのこと。経理上は実際より多めに廃棄処理されていましたが、税務調査で気づかれることはありませんでした。

税務調査は、決算からしばらくたってから行われます。当然、調査時点の在庫は、決算日から在庫の種類も数量も変わっています。となると、廃棄処理（経費処理）が正しいかどうか、調査官は確認しづらいのです。

稟議《りんぎ》書や廃棄証明がエビデンス（証拠書類）として残されていれば、調査官はそれに頼らざるをえないのです。

◉廃棄損は特別損失に

棚卸を行って廃棄した在庫金額は、「棚卸資産廃棄損」として特別損失にしましょう。

本来、売るべき在庫を売らずに捨てたわけですから、特別な損失なのです。

中部地方のスーパーマーケット、タンセーでこの廃棄損を集計すると、売上高の1％でした。いままでは、それを特別損失として処理せずに、売上原価の中に入れていました。私の指導で、特別損失に計上すると、それだけで粗利益が1ポイント改善しました。

粗利益が増えるので、営業利益も増えますし、経常利益も増えることになります。

その後、決算の申告を終えて、銀行に報告に行くと、次のようにいわれたそうです。

「今回は、粗利率が改善していて大変すばらしい決算でしたね」

損益計算書の中身を入れ替えるだけで、銀行の評価は大きく変わってくるのです。

4 貯蔵品は経費で落とす

貸借対照表を左上（資産の部）からご覧ください。上から、現金、売掛金、商品……とき て、「貯蔵品」なる科目はありませんか？

貯蔵品とは耳慣れませんが、原材料や商品、製品と同じく、棚卸資産（在庫）の1つです。中身は切手や収入印紙、包装材料、パンフレットなどが多いですね。会社によっては、文房具、プリンターのインクなども貯蔵品に計上しています。

大した金額ではありませんが、かといって無視できるほどの金額でもありません。これらは、**資産として貸借対照表に必ず載せる必要はありません**。しかし、現実には資産に計上している会社がけっこうあります。

貯蔵品を計上している会社の経理マンに質問しました。

「なぜ貯蔵品として貸借対照表に載せているのですか？」

「いやぁ、前からそうなっているので。とくに何も考えていませんでした」

なかには、次のようにいう経理マンもいます。

「目に見えて数えられるものはすべて貯蔵品に計上しています。店舗で使っているビニール袋も貯蔵品にあげています。貸借対照表に載せているので在庫管理ができるんです」

しかし帳簿に載せていなくても、受払台帳をつくっておけば数の把握はできるのです。

●買ったときに経費で落とす

先ほど、貯蔵品は資産に計上する必要はないといいました。貯蔵品の処理には、２パターンあります。

１つは、貯蔵品を買ったときに資産に計上し、使った都度、経費にする方法。

もう１つは、貯蔵品を買ったときに、資産ではなく、経費にする方法。

前者の方法で処理している会社が多いですが、後者の方法も認められているのです。

そもそも貯蔵品は、よほどのことがない限り、毎年の消費量はさほど変わりません。それなら、**買ったときに経費にしても何の問題もない**ということです。

国税庁からも次のようにお達しが出ています（法人税法基本通達２－２－15）。

「法人が事務用消耗品、作業用消耗品、包装材料、広告宣伝用印刷物、見本品その他これらに準ずる棚卸資産の取得に要した費用の額を、継続して、その取得をした日の属する事業年度の損金（経費）の額に算入している場合には、これを認める」

ポイントは、継続的に処理をする、ということです。

・ある年は、利益が出たから購入したときに経費処理する
・次の年は、利益が出ないため、購入したときは資産計上する

このような会社は、税務調査で問題が出てきますので、くれぐれもご注意ください。

●期末直前の消耗品の購入には十分ご注意を

雑貨のカタログ販売を展開している後藤商店でこんなことがありました。

「今年は利益が出すぎるなぁ。何かよい方法は……」といって、決算ギリギリになって、大量に自社製品のカタログを仕入れたのです。

お察しのとおり、後藤商店では、これをすべて経費として処理したわけです。

このカタログは、４年に１回の頻度で改訂されるもので、金額も１０００万円以上しました。後藤商店では、この取引を「カタログ仕入の件」と取締役会の議事録に残していたのです。しかも、あろうことか、ご丁寧に「これで節税できる」と書いてしまったのです。

議事録に「節税できる」と書くことは、絶対にやめてください。

案の定、税務調査に入られ、調査で指摘されてしまったのです。

税務調査では、決算ギリギリの取引は必ずチェックされます（いわゆる〝期ずれ〟）。後藤商店のように、思ったより利益が出ると、慌てて経費で落とす会社が多いからです。期末直前で大きな経費が計上されていないか、当然、税務署も目を光らせます。ですから、**節税対策は、期末直前ではなく、期末日の２～３カ月前に行うのが理想**です。

そのために、毎月の決算は、できるだけ早く、正確に出す必要があるのです。

5 在庫の評価を見直す

先ほど期末在庫（棚卸資産）を減らすことが、節税につながると説明しました。在庫金額＝単価×数量ですから、期末在庫の単価を抑えても、期末在庫は減らせます。

一口に在庫といっても、いろいろあります。

「仕入先から仕入れた〝原料〟〝材料〟」「製造途中の〝仕掛品〟」「同じく未完成ながらも、その状態でも販売できる〝半製品〟」「お客様に販売するために仕入れた〝商品〟」「原材料の加工が完了して、お客様に販売するために完成させた〝製品〟」

こうしてみると、在庫単価は、3つの側面から考えることができます。

①仕入単価（原材料や仕入商品）
②原材料に上乗せする加工費単価（仕掛品、半製品、製品に含まれる）

③お客様に販売する単価

いずれか3つの角度から、在庫単価を引き下げることを考えていけばよいのです。

●仕入単価を引き下げる、仕掛品評価を引き下げる

まず①の仕入単価です。

多くの会社では、在庫単価の評価方法に、最終仕入原価法を使っています。この方法では、決算直前に仕入れた原材料や商品の仕入単価で期末在庫を評価します。

期中に10円で仕入れても、期末に7円で仕入れたら、期末在庫は全て7円で評価します。

したがって、次のような対策をとるだけで在庫金額を減らすことができます。

- **決算直前の仕入単価は、仕入業者に単価交渉して引き下げること**
- **決算期末にかけて仕入単価が急騰した場合は、仕入れをしないこと**

次に②の原材料に上乗せする加工費単価（仕掛品単価）です。

建設資材の製造を行うサイジョーの決算書に仕掛品が２０００万円ありました。

「経理部長、この仕掛品はどのように評価しているんですか？」

「これは、完成品の原価に80％を掛けて計算しています。毎年、こうしているんです。根拠ですか？　私は前任者から引き継いだので何とも。根拠はおそらくないのでは」

「御社の仕掛品には原材料に少し手が加わったものも、完成間近なものもありますね。それなら80％というのは高すぎやしませんか？　せいぜい50％見積もっておけば十分です」

仕掛品をどう評価するか、つまり、加工賃をどれだけ乗せるかは、見積もりの世界です。税務署の調査官が正確に見積もって判定することは、現実には難しいといえます。まして税務調査は、決算から２カ月以上あとです。そのときは、もう姿形が変わっています。なので、製造日報に仕掛品の状態と評価割合を記録しておくことが大切なのです。

●商品や製品の評価を下げる

最後に③のお客様に販売する単価です。

商品や製品が次の状態になり、販売価格が落ちれば在庫単価を下げることができます。

「季節商品の売れ残り」「流行遅れ、性能、品質、形式が陳腐化」「破損、型崩れ、色落ち、

店ざらし、品質劣化」「災害で著しく損傷」など。

このとき、次のようなエビデンスを用意しましょう。

- **実際に価格を大きく下げて売れた実績（バーゲンで処分品として売る）**
- **実際に価格を大きく下げても売れなかった実績（広告チラシに安い金額を載せる）**
- **同様の商品を扱った同業他社の販売単価を示す資料（業界誌など）**
- **売れなくなった商品の販売価額の改定表（過去実績により割引率を設定する）**

評価損の計上について、税務調査で否認された場合、どうなるでしょうか。

このときは、税務署が「時価が下がっていないこと」を証明しなければいけません。それは大変な手間で、税務署もやりたくありません。だから、**どんな形でもよいので、エビデンスを作成しておくことが有効**なのです。

第5章

不動産の多い会社のお金の残し方

1 特別に上乗せして減価償却費を増やす

節税を考えるとき、減価償却は大きなポイントです。つまり、減価償却費をたくさん計上すれば、その分、節税できるということです。

しかし、残念ながら、経営者の８割は減価償却に無頓着です。

減価償却費は計算方法が決まっていて増やせないと勘違いされている人が多いのです。

ここで改めて減価償却を説明しておきます。

１億円の設備を買って、すぐに使い始めました。すると、当然、価値が減ります。**１年でいくら価値が減ったのか、金額で表すための仕組みが「減価償却」です。**

設備は、長く使えば、やがて価値がなくなります。これを会計用語で「償却する」といいます。つまり、減価償却には「帳簿上で設備の価値を減らしてゼロにする（償却する）こと」です。

価値が減るといっても、実際にお金が出ていくわけではありません。あくまで、帳簿の計算上で価値を減らしていくのです。減価償却費を増やせば、その分、税引前利益が減り、節税につながります。だから、できるだけたくさん計上していただきたいのです。

◉特別償却を使おう

減価償却費は、建物や機械の取得価格を「耐用年数」で割り算して求めます。耐用年数は、購入してから使えなくなるまでの（理論上の）期間で、税法で決められています。

つまり、「減価償却費＝取得価格÷耐用年数」です。

取得価格も耐用年数も決まっているなら、減価償却費を増やすことなどできないのではないか、と思われるかもしれません。しかし、これを増やす特別な制度があるのです。

それが、**特別償却**という方法です。

特別償却とは、通常の減価償却費に加えて、特別に減価償却費を上乗せできる制度です。上乗せできる割合は、取得価格の30％が多いです。

例えば、1億円の機械を買った場合、通常の減価償却費を1000万円とすると、特別償却を使えば、その1000万円に3000万円（1億円×30％）を上乗せできます。

図9　特別償却のイメージ

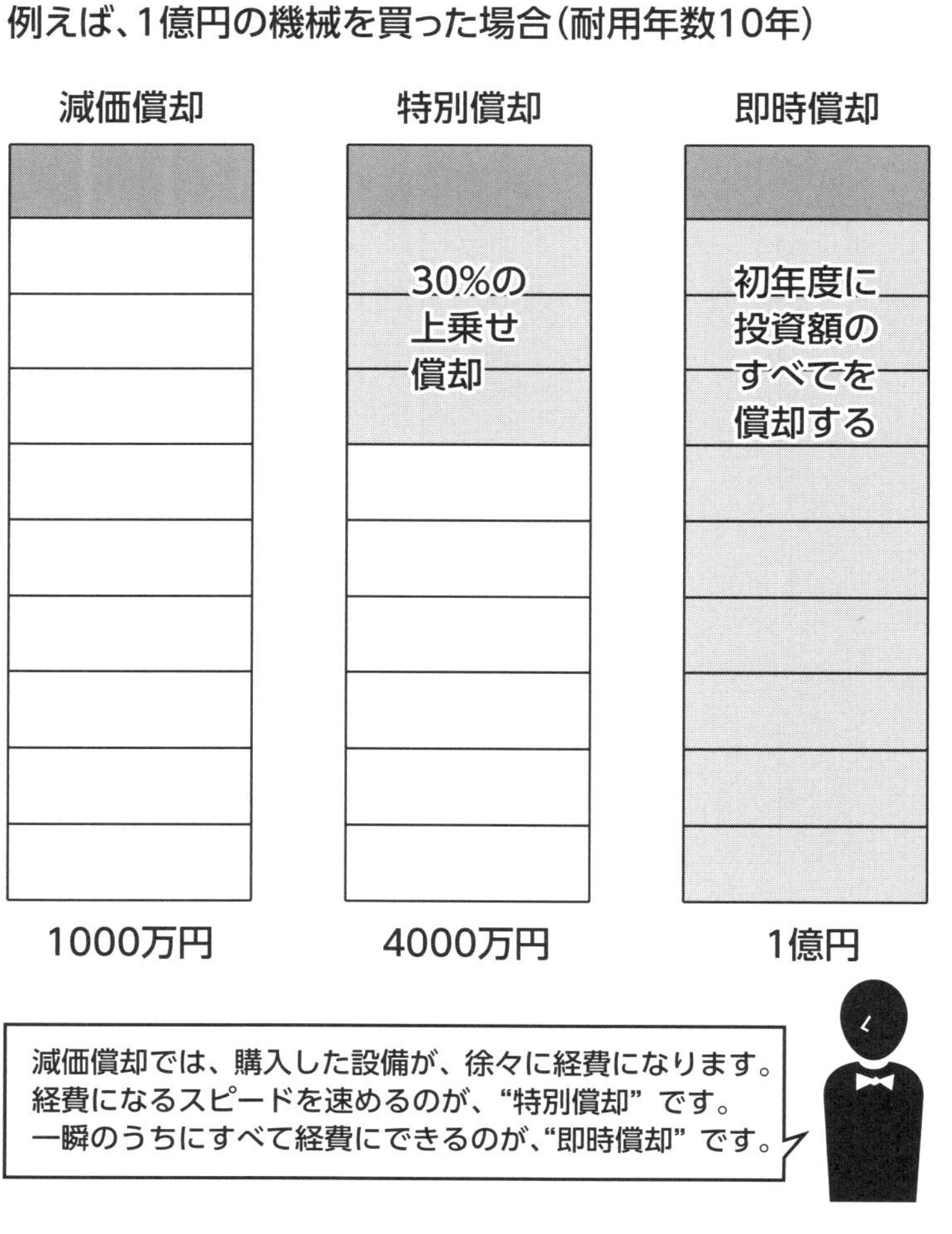
例えば、1億円の機械を買った場合（耐用年数10年）
減価償却
特別償却
即時償却
30%の
上乗せ
償却
初年度に
投資額の
すべてを
償却する
1000万円
4000万円
1億円
減価償却では、購入した設備が、徐々に経費になります。
経費になるスピードを速めるのが、"特別償却" です。
一瞬のうちにすべて経費にできるのが、"即時償却" です。

減価償却費が増えても、出ていくお金は増えません。お金は、設備を買ったときにすでに出しています。

「そのお金をどうやって経費に計上するのか？　一度にたくさん経費にするのか？　時間をかけて毎年少しずつ経費にするのか？」を考えるのが減価償却なのです。

実は、**いまなら30％の特別償却が１００％になる出血大サービスの制度**があります。それを**即時償却**といいますが、こちらについては、１８０ページで詳しく説明します。

◉税理士の過ち１「結局、長い目で見れば同じです」

「特別償却や即時償却を使いましょう」と説明すると、顧問税理士から指摘が入ります。

「長い目で見れば、結局、減価償却できる金額は同じですから、大して変わりませんよ」

確かに長い目で見れば、特別償却を使っても使わなくても、減価償却費の金額は同じです。**特別償却や即時償却は、減価償却のスピードを速める方法で、減価償却できる金額そのものを増やすわけではない**からです。

しかし、経営者のことを考えると、税理士の発言は果たして正しいでしょうか？

経営には「マサカの坂」があります。このとき一番大切なのは現金です。経営者は、マサカの坂に備えて、「少しでも多く手元に現金を置いておきたい」と考えます。そこで、特別償却や即時償却を使って法人税を減らせば、手元現金をより残せるのです。

「それなら、普段からたくさんの借金をして現預金を積んでおけばよいでしょう」と思うかもしれません。でも、借金をして現預金を積んだのでは、意味がありません。

なぜなら、借金は借金で、返済しなければいけないからです。金利もかかるのです。

●税理士の過ち2「特別償却すると、営業利益が下がります」

「特別償却をしたら、営業利益がその分減るので、お勧めしません」

「特別償却をしたら、赤字になってしまうので、銀行からの評価が落ちます」

こうした税理士からの指摘も正しいとはいえません。

特別償却した分は、P／L（損益計算書）で、「特別償却費」として、特別損失に計上します。

間違っても、通常の減価償却費と同じように、販管費に計上してはいけません。

特別償却はその名のとおり「特別」です。期間限定で、毎年使える制度ではないのです。繰り返しになりますが、**銀行が評価するのは「営業利益」**です。営業利益が黒字であれば、税引前利益が赤字であっても、銀行からの評価は落ちません。だから特別償却をしても、銀行からの評価は落ちないのです。

◉使える特別償却は２つある

ここでは、お勧めの特別償却を２つご紹介します。

これは、**即時償却（180ページ）が間に合わない、使えない場合に検討してください。**

大型の設備投資をするときに検討する順番は、あくまで即時償却、次に特別償却です。

私が紹介する特別償却の制度は、次の２つです。

①中小企業投資促進税制

②商業・サービス業・農林水産業活性化税制

これらの制度は、いずれも平成31年３月末までの投資が対象です。具体的にいうと、３月31日までに取得して使いはじめれば、特別償却できます。

のちほど説明しますが、即時償却を使おうと思うと、手間と時間がかかります。経済産業局にいろいろな書類を提出して、承認をもらう必要があります。承認をもらう時期などにも制限があって、基本的に、設備を使い始める前が勝負なのです。

一方で、これらの制度は、経済産業局への手続きは不要ですし、時期の制限もありません。**確定申告のときに、数枚の資料を提出するだけで済む**ので、お勧めです。

ちなみに、どちらも平成31年3月末までが期限ですが、延長される可能性も十分あります。毎年12月頃に政府が方針を決めるため、その時期に税理士に確認するとよいでしょう。

●特別償却の条件(種類、金額、業種)には注意

これらの特別償却が使えるのは、いずれも資本金1億円以下の会社に限られます。ただし、対象となる設備投資の種類は①と②で違っています。

①は、機械装置やソフトウェア、普通貨物自動車（3・5トン以上）が対象です。

②は、器具備品や建物附属設備が対象です。

また、金額的な基準は次のとおりです。

①機械装置は160万円以上、ソフトウェアは70万円以上が対象です。

②器具備品は30万円以上、建物附属設備は60万円以上が対象です。

一番の注意点としては、使える業種と使えない業種に分かれていることです。

①は、不動産業、物品賃貸業の会社は対象外となっています。
②は、製造業、建設業、医療業は対象外となっています（不動産業は使えます）。
使える設備、業種については①と②で重なり合わないようになっています。

また、②に限っては、もう１つ条件が追加されます。それは、外部のアドバイザーから、設備投資に関する助言を受けなければいけないことです。「助言を受けて設備投資した」ことを書面にして、確定申告で提出する必要があります。

外部のアドバイザーとは〝**認定経営革新等支援機関**〟のことをいいます。税務、金融、財務の専門家で、国が経営革新等支援機関として認定した方を指します。銀行だったり、商工会議所だったり、いろいろなところが当てはまりますが、**一番身近な存在は税理士事務所**です。

一度、顧問税理士に、この認定をもらっているか確認してみてください。

「うちの税理士から助言なんて受けていないけど、受けたことにして書類をつくりました」

実務上は、このような会社が多いです。

以上の話をまとめたものが**図10**です。参考にしてください。

図10　即時償却と特別償却

機械装置 160万円以上	ソフトウェア 70万円以上	器具備品 30万円以上	建物附属設備 60万円以上

100%即時償却（平成31年3月末まで）

中小企業経営強化税制……第7章で詳細説明
- 生産性向上設備（A 型）……生産性が年平均1%以上向上
- 収益力強化設備（B 型）……投資利益率5%以上のパッケージ投資

↓ 使わない場合は　　↓ 使わない場合は

30%の特別償却

①中小企業投資促進税制
※不動産業、物品賃貸業は対象外
- 測定工具、検査工具も対象
- 普通貨物自動車も対象
（総重量 3.5t 以上）

30%の特別償却

②商業・サービス業・農林水産業活性化税制
※製造業、建設業、医療業は対象外
- 認定経営革新等支援機関のアドバイスを受ける

大型の設備投資をするときは、まず、100％即時償却を検討し、それが使えなければ、30％の特別償却を検討するようにしましょう。

（注）上記は、平成 30 年8月時点の制度です。これらの制度は、数年単位で改正（廃止）されます。
毎年12月頃に発表される税制改正で、特別償却等に関して最新の情報を顧問税理士から入手しましょう。

◉顧問税理士の迷言1「新規投資には使えません」

税理士さんは、自分からは決して特別償却や即時償却の話をしてくれません。税理士が特別償却の制度について不勉強で、「それはできませんよ」という可能性だってあります。

しかし、そこで諦めず、**なぜできないのか、しっかりと理由を確認してください。**

税理士から「できません」といわれた2社の事例を紹介しましょう。

1社目は、冒頭でお話しした四谷商業の自社ビル完成時の話です。私は、四谷専務に〝商業・サービス業・農林水産業活性化税制〟を活用したか質問しました。

四谷専務は、私の話を聞いたその場で、顧問税理士に電話を入れました。

「先生、こういう制度があるので、当社で使いたいです」と伝えると、税理士はこういいました。

「そんな制度ありましたかね……。新築物件には使えなかったと思いますよ」

そんなバカな！　新規投資だから特別償却が使えるのです。

再度、時間をかけて調べてもらうと、「すみません、使えました！」と訂正してきました。

この税理士は「これは驚異の隠し技ですよ！」といっていたそうです。

◉顧問税理士の迷言2「もう制度は終わっていますよ」

もう1つは、東北地方でスーパーを展開するダイヨンの新店舗のオープンのときの話です。ダイヨンの顧問税理士は、何かにつけて、社長がやることに反対します。

「先生、今度の新店オープンですが、何かよい制度はありませんか？　聞くところによると、〝商業・サービス業・農林水産業活性化税制〟という制度があるとか」

すると顧問税理士は、これまたびっくりする発言をします。

「あぁ、その制度ならもう終わっていますよ。だから使うことはできません」

とんでもないです。税理士の頭の中で、勝手に終わったことになっているだけです。

この税理士の事務所のウェブサイトには、次のように書いてあります。

「わが社は、経営革新等支援機関です。中小企業の味方です！」。まさに言行不一致です。

四谷商業もダイヨンも、顧問税理士は経営革新等支援機関として認定されています。ご自身がこの制度を使える立場にあるのに、ご存じなかったのです。

税理士の「できない」はあてになりません。ご注意ください。

2 含み損を持つ土地、建物を売却する

節税対策の中でも、大型の節税策の1つがこれからお話しするオフバランスです。

オフバランスとは、含み損を抱えた不動産を別会社に売却して損失を出す方法です。

顧問先や指導先の決算書を見ると、多くの会社で土地、建物がかなりの金額を占めています。しかし、残念ながら、**現在の不動産、とくに土地にそれだけの価値はありません。**

カーディーラーのカビラモーターの決算書には、土地建物が10億円計上されていました。ところが、この土地建物の鑑定評価をすると、案の定5億円しかありません。川平社長はがっかりしていましたが、私は喜びました。

「社長、御社の経常利益は1億円の見込みです。これを売却すれば5億円の損が出ます。となると、税引前利益は赤字になるので、納税は発生しませんよ。ちょうどよいですね」

〝損失〟といっても、売却損失の場合は、お金がその分出ていくわけではありません。こ

のため、**売却損失をいくら出しても、お金が減ることはなく、むしろ増えていく**のです。

川平社長は、すぐに別会社を設立して、オフバランスの実行に移しました。

◉オフバランスをすると、財務体質がよくなる

まず、オフバランスをすると、**不動産の売却収入**が入ってきます。

次に、オフバランスで大赤字を出すと、中間申告で納付していた**予定納税が返ってきます**。カビラモーターの場合は、売却収入で5億円、予定納税の還付で5000万円、合計で5億5000万円の現金が会社に入ってきました。さらに、「**繰越欠損金**」が発生すれば、当期はもちろん、**翌年以降の納税も抑えられます**。

このため、オフバランスをすると、確実に現金は増えていくのです。

さて、ここで〝繰越欠損金〟の仕組みについて説明しておきます（**図11**）。

ある年に、多額の特別損失を計上し、税引前利益を赤字にすると「**欠損金**」が発生します。すると、翌年以降で税引前利益が出ても、この欠損金が消えるまで法人税は発生しません。このとき、将来に繰り越す「欠損金」のことを「繰越欠損金」といいます。

つまり〝**繰越欠損金**〟**があれば、それがなくなるまで税金を払わずに済む**のです。

図11　カビラモーターにお金が貯まる仕組み

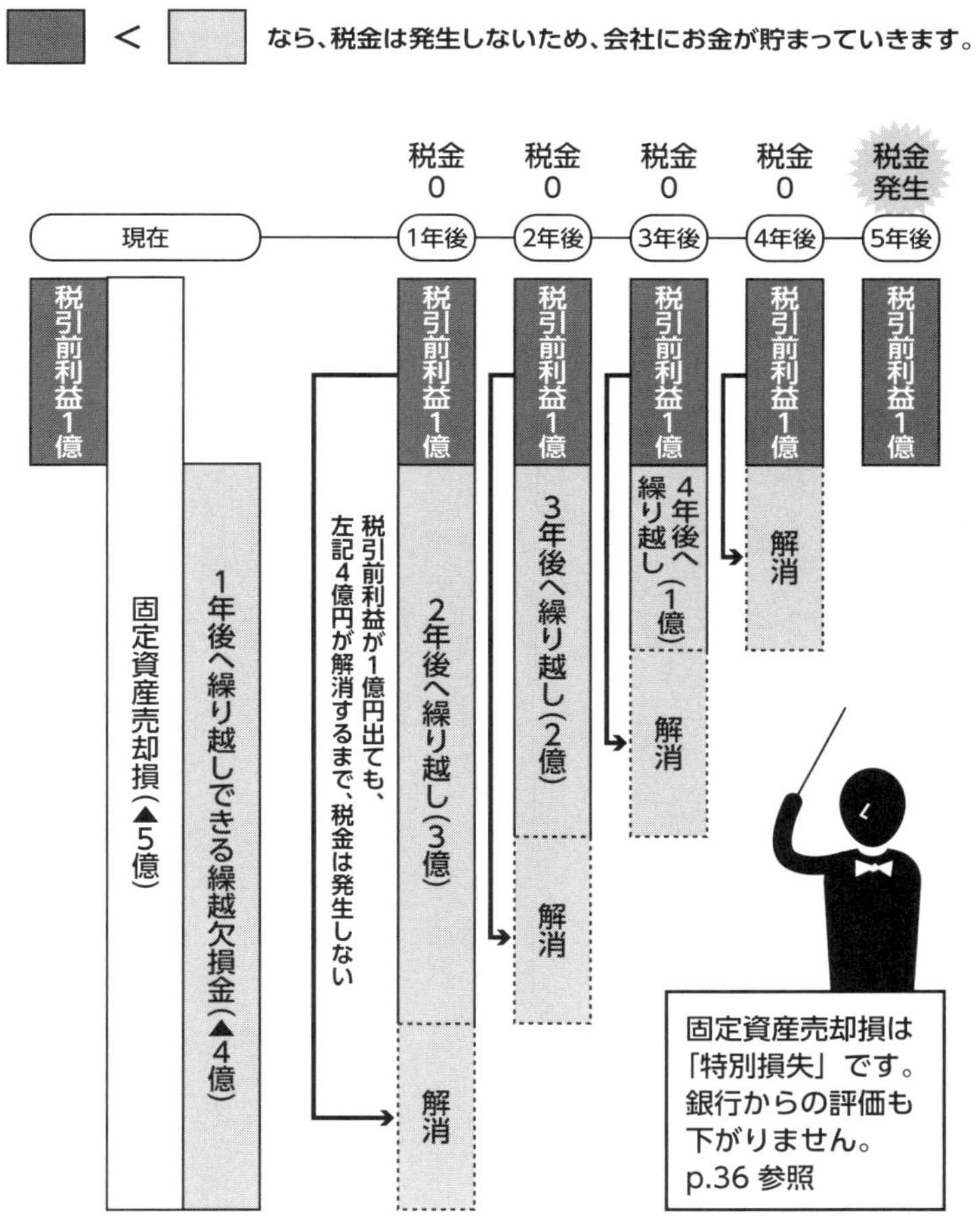

図12　欠損金の繰戻還付

還付税額 ＝ 前期の法人税額 × $\dfrac{\text{当期の赤字額（欠損額）}}{\text{前期の税引前利益（所得金額）}}$

※還付できる税額は、前期の法人税額が限度です。

カビラモーターの場合、今後も毎期1億円の税引前利益が見込めるため、当期を含めて5年間は税金を一切払わなくてよいことになります。

ところで、大赤字を出した場合は、「**欠損金の繰戻還付**」という方法も使えます（**図12**）。これは、税引前利益が赤字になったときに、前期に支払った法人税を取り戻す方法です。

計算上は、赤字を出せば出すほど還付される税金が増えますが、還付される金額が無制限に増えることはありません。最大で前期の法人税額まで取り戻すことができます。

すでに払った税金を取り戻すか、これから払う税金を減らすか、いずれにせよ、大赤字を出せば現金を増やすことができるのです。

オフバランスをすると一時的に多額の損失が出て、自己資本は減ってしまいます。しかし、売却収入で借入金を減らせます。さらに、その後は税金が発生しません。数年後の財務体質はかえってよくなるのです。

◉時間的な余裕を持って対策を実行すべし

先のカビラモーターは３月決算ですが、相談を受けて準備をしはじめたのは、１月の末でした。オフバランスのタイミングとしては、本来はもっと早くにやるべきです。

大型の決算対策は、遅くとも決算月の３カ月前にはやっておきたいものです。決算直前の節税策、しかも高額の節税策は、「利益が出るのが急にわかって焦ったのだろう」ということで、税務調査で念入りに調査されます。

さて、オフバランスをする際は、次のような手続きが必要です。

- 不動産を売却するという取締役会決議
- 売却価格を決めるための不動産鑑定士への依頼（１３８ページ参照）
- 売却価格の決定（鑑定評価額をもとに決定）
- 売却した不動産を賃借する場合の家賃の決定

・不動産の売却、賃借の詳細について取締役会決議
・売買契約書の取り交わし
・不動産賃貸借契約の取り交わし

決算直前に焦って動くと、何かしらヌケやモレが発生します。遡って書類を作成しようとすれば、なおのことミスをする可能性が高くなります。そんなことにならないように、くれぐれもご注意ください。

3 オフバランスにまつわるQ＆A

ここでは、オフバランスする会社のことを、便宜上「本体」と呼びます。
また、第三者とは経営者一族（６親等内の血族、３親等内の姻族）に当てはまらない株主のことをいいます。

Q1 含み損を持った不動産を買ってくれるところがあるのでしょうか？　また、売却したら、その不動産は自社で使い続けられなくなりませんか？

A1 新会社をつくって、そこに売りましょう。売却した不動産は、新会社から借りれば、いままでとなにも変わりありません。

Q2 新会社のつくり方と注意点を教えてください。

A2

会社のつくり方は司法書士が専門ですので、司法書士に依頼しましょう。

ポイントは、株主構成です。 100%子会社への売却は、「**グループ法人税制**」によって売却損が経費になりません。売却先が100%子会社でなければ、経費にすることができます。つまり、理論上は0・1%でも第三者に持ってもらえればOKになります。

ただし、実務上、これが行きすぎて、税務調査で否認された事例が出始めています（ごくわずかの株式を第三者に持たせ、オフバランスした会社が否認されています）。ですから、5%以上を、第三者に持ってもらうとよいでしょう（従業員でも可能です）。この場合は、なぜその人に株式を持ってもらうのか、理由を考えておきましょう。

Q3 新会社のメイン株主は会社のほうがよいのですか？　個人ではダメですか？

A3

会社でも個人でもOKです。

個人出資の場合、本体の株主に第三者がいれば、経営者一族が100%出資する会社でもＯＫです。本体の株式を経営者一族が１００％持っているなら、新会社の株式の５％以上は第三者に持たせましょう。

Q_4

新会社には不動産を買えるだけのお金がありません。わが社（本体）にお金があるので、そのお金を新会社に貸しても大丈夫でしょうか？

A_4

資金は、銀行から調達してください。そのときは、本体の保証をつけるとよいでしょう。本体から新会社にお金を貸し付けて不動産を取得すればいいと考える人もいます。そうなると、結局は、本体のお金で本体の不動産を買っていることになります。新会社は、銀行から資金調達をして、立派に不動産会社として機能させましょう。

Q_5

銀行からの借入条件はどれくらいにすればよいですか？

A_5

借入期間が長いほうが、資金繰りはラクになります。**15年が1つの目安**です。期間を10年にすると、その分、毎年の返済原資が多く必要になります。そうなると、家賃を高く設定して、利益を出さなければいけません。ということは、新会社のほうで法人税を多く払うことになってしまいます。

なお、金利は、本体と同等に低く契約できます。

Q6 売却したい土地は、担保に入っています。銀行が納得するでしょうか?

A6 いまは、よほど財務体質が悪くなければ、担保は外せる時代になりました。

銀行を監督している金融庁からも〝担保・保証に頼るな〟とのお達しが出ています。ですから、そもそも、担保がずっと外れないほうがおかしいのです。

仮に本体の財務体質が悪く、担保が外れなくても、オフバランスのときは外せます。

本体は売却代金で、いまの借入金を返します。一方で新会社は、不動産の取得資金を、新たに銀行から借り入れることになります。本体の貸借対照表は含み損を出して真実の姿になり、かつ新規融資のチャンスも生まれます。銀行にしても、よい話なのです。

このようにして担保を外すことを「**有償解除**」といいます（**図13**）。

図13　担保を外して、不動産を売却する（有償解除）

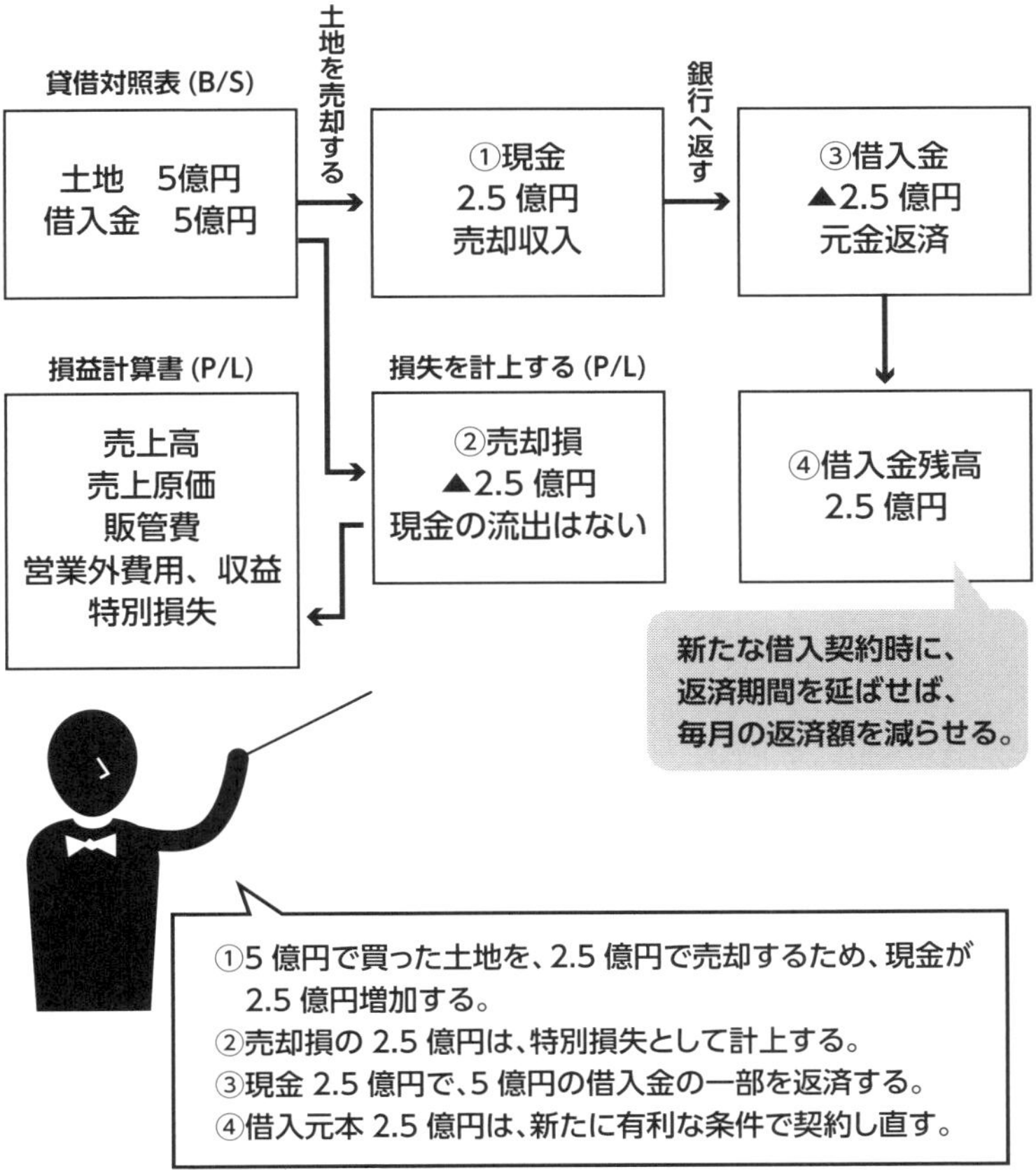

Q7 税務署から否認される可能性はないのでしょうか？

A7

否認されないためにも、エビデンス（証拠書類）が重要です。ただし、次のような場合は、税務調査で指摘される可能性が高くなります。

- **節税のためだけにオフバランスをしていることがミエミエな場合（次ページ参照）**
- **売買価格が極端に低く、売却損を不当に大きくしている場合**
- **取締役会など決議を仮装しているような場合**

税務調査で指摘されないように、エビデンスは確実に残さなければいけません。

Q8 不動産を売却すれば大赤字になりますが、銀行から何かいわれませんか？

A8

銀行は営業利益を見ます。不動産売却損失は特別損失なので、営業利益には影響ありません。つまり、オフバランスを実行しても、銀行からの評価が落ちることはありません。

最近は、銀行から「オフバランスしませんか」と提案される会社も増えています。

4 オフバランスに反対する税理士

オフバランスをしようとすると、多額の節税につながるため、顧問税理士は決していい反応を示しません。ここでは、実際にあった税理士からの反対意見をご紹介します。

◉税理士の反対その１「取引の経済合理性がない」

中国地方で印刷業を営むミツイの三井社長から連絡がありました。

「本社ビルのオフバランスについて『その取引をする経済合理性がない。節税目的しかなく、否認されますよ』と、会計事務所からいわれました」

本当に経済合理性はないのでしょうか。**オフバランスをすれば、財務体質が改善します**。これが、この取引の立派な理由です。会社が、財務体質をよくする対策をとることは当然です。このことを議事録に残します。

含み損がある不動産、不要な資産を削ることで、筋肉質な体型になるのです。人間なら脂肪を落とす、刀ならサビを落とすことは当たり前の行動ではないでしょうか。

一方で、含み損を持つ不動産を買い取る子会社は、不動産の管理会社として運営します。本業と不動産管理を切り分けて、それぞれに注力するのです。いわば「事業の選択と集中」を行うわけで、なにもおかしなことはないはずです。

実はこの件は、ミツイの顧問税理士事務所の中でも意見が分かれていたようです。所長税理士が仲間の税理士に聞いたところ「危ない」といわれ、若手税理士は現在の法律等を調べて「いける」と判断したとのことです。所長税理士は感覚的に否定しているものの、明確な根拠がなかったということです。

●税理士の反対その2「取引価格が安すぎる」

北陸地方のホクホク電機のオフバランスをお手伝いしたときの話です。浜中専務から、「できるだけ売却損失を出して、子会社に売りたい」と相談を受けました。

そこで、まず知り合いの不動産鑑定士に鑑定評価を依頼させました。不動産の売買は取引金額も大きいため、税務調査では売買価格が問題となります。「高すぎる」とか「安すぎる」といわれる可能性があるのです。

そのようにいわせないために、不動産鑑定士の評価をもらうのです。難関国家資格を持っている不動産鑑定士の評価に、税務署がケチをつけることはできません。

さて、鑑定評価の世界というのは、かなりの割合で見積もりが入ります。ですから、鑑定評価をする人によって、評価額はけっこう違ってきます。不動産価格は、点ではなくゾーン（幅）なのです。下は○○○円～上は○○○円という具合に幅があります。

売却損失をたくさん出すためには、「評価額をできるだけ下げてください」と伝えればいいのです。評価額を高くしてほしいと不動産鑑定士に依頼しても、応じてくれないことが多いですが、評価額を低くする分には、かなり柔軟に対応してもらえます。

私は、鑑定評価額からさらに15％下げた金額で売買契約を結んでもらいました。もちろん、15％下げた根拠や交渉の記録をエビデンスとして残しました。

すると、顧問税理士から「これは低すぎる。税務調査で否認される」と脅されたのです。億単位の売却損失に加え、期末間際の契約だったため、半年後に税務調査が入りました。

税務調査の途中、浜中専務から着信がありました。

「税務調査官が、売買価格の根拠を見せてくれといってきました。どうしましょうか？」

私は、売買価格決定までの経緯や根拠をすべてファイルにまとめていました。浜中専務には、そのファイルを一式提出させました。

「価格が安い」と調査官が指摘した場合、**なぜ安いかを証明するのは調査官**なのです。**価格決定の経緯や根拠が残っている場合、これをひっくり返すのは大変なエネルギーです。**

調査官の立場に立てば、「正直、そこまでやりたくない」のです。結果、オフバランスについては、なんの指摘も受けず、すぐに調査は終わったのでした。

極端な値下げはNGですが、**エビデンスを整えれば、鑑定評価からさらに下げることも可能**なのです。

5 見積書、請求書は2枚に分ける

設備投資の際は、特別償却、即時償却を使う以外にも、工夫次第で上手に節税できます。まずは**「少額減価償却資産の特例」**です。次のようなケースはどう処理されますか？

①購入したパソコンセットが８万円の場合、②15万円の場合、③32万円の場合。

①については、１台10万円未満なら、すべて経費として落とすことができます。

次に②は、10万円以上なので原則として減価償却します（耐用年数４年）。しかし、資本金が１億円以下の会社には「少額減価償却資産の特例」があります。これは、**取得した資産が１台あたり30万円未満であれば、全額償却ができるという制度**です。

では③の場合は、いかがでしょうか。これは、さすがに全額償却はできません。「パソコン１台32万円」として計上する会社が多いです。しかし、お待ちください。32万円を次のように分けたらどうでしょうか。

パソコン本体29万円、付属品3万円。こうすれば、パソコン本体も付属品も全額償却できますね。

20万円の機械を10台買ったら、〝機械一式200万円〟でなく、1台ずつ処理するのです。見積書、請求書に注意を払えば、節税のチャンスは広がります。

◉耐用年数の短い資産をたくさん計上する

小売業で新店舗をオープンする場合や、製造業で新工場を稼働する場合も工夫できます。新しく取得する設備は、なるべく耐用年数が短くなるように内訳を工夫しましょう。

115ページでもお話ししたとおり、資産の種類によって耐用年数は決められています。例えば、建物は鉄筋なら最大50年、金属造なら最大38年と耐用年数は長めです。その一方で、建物附属設備（給排水、衛生、ガス、電気設備など）の耐用年数は15年です。あるいは、建物や建物附属設備ではなく、器具、備品だと耐用年数はもっと短くなります。

ということは、新店舗や新工場をつくる場合、まとめて「建物一式」にしてはいけないのです。見積書、請求書の内訳を検討し、できるだけ短い耐用年数の資産で処理することです。

以前、エリアも系列も異なる自動車販売店（ディーラー）２社から相談を受けました。T社系とH社系であり、どちらも10店舗近く販売店を持っています。固定資産台帳を見てみると、財務に対して対照的なことがわかりました。

１社は、店舗の設計料を躯体（建物）と内装（建物附属設備）に按分していました。もう1社は、その設計料をすべて建物に含めて処理していました。

通常、なにも考えなければ、設計料は耐用年数の長い建物の取得価額に含められます。しかし、設計は、外観だけでなく、内装も込みの設計のはずです。店舗用建物の耐用年数は34年、建物附属設備の耐用年数は15年です。設計料を按分すれば、減価償却費は少しでも増やせるのです。

こうした細かい工夫ができるかどうかが、財務に強くなるための分岐点といえます。

◉値引きは耐用年数の長いものから

新店舗や新工場を建設する場合の見積書で見かける「出精値引き」の処理も実は見逃せません。「なんとなく、ここから値引きでもしておくか」くらいに考えている人が多いのです。

しかし、減価償却を考えれば、**少しでも耐用年数の長いものから値引きをすべき**です。

あるいは、先の少額減価償却資産（30万円未満なら経費計上）を意識してもよいでしょう。
つまり、値引き額を分解して、意図的に30万円未満の資産をつくってしまうのです。そうすることで、減価償却費を増やすことができます。

すでに見積書や請求書をもらっていても、書き直してもらうだけの話です。施工業者からすれば、値引き表示のさせ方を変えるだけですから、すぐに対応してくれます。

これまで建物中心の話になっていましたが、これは設備や自動車にも使えます。例えば、営業車を買う場合は、当然ながら、登録費用、損害保険、手数料を支払っています。節税の観点からは、これらをまとめて「車両運搬具」として計上してはいけません。できるだけ内訳を細かく検討して、経費で処理できるように工夫してください。

決算前であれば、いまからでも間に合います。当期に取得した資産の処理は、大丈夫ですか？

6 使わない機械は除却する

設備の管理は、在庫の管理と同じで、①設備も棚卸して帳簿と現物が合っているか確認すること、②使わない設備は売却か除却（廃棄）して経費で処理することが大切です。

設備は、1年を通して頻繁に入れ替えることは少ないです。ですから、棚卸は3年に1度のペースで、帳簿と現物が合っているか確認してください。とはいっても、もう5年も10年も棚卸をしていないという会社のほうが多いと思います。

顧問先に固定資産の棚卸をしてもらうと、どの会社でも似たような報告になります。

「台帳に載っているのに、現物が見当たりません」

「台帳に載っている設備が、現場でどれに当てはまるのかわかりません」

「台帳に載ってないのに、現物がありました」

これらを防ぐには、固定資産の台帳登録に関して次のようなルールを定めることです。

・現物に管理用のシールを貼付する
・シールには管理番号（記号、番号）、メーカー、取得年月日を記載する
・台帳における登録名とシール上の名称を同じにする
・台帳の摘要欄に保管場所を記載し、設備を移動した場合には更新する
・設備を売却あるいは除却（廃棄）するときは、社内稟議を上げさせる

●台帳をじっくり見たらビックリ！

仮にすぐに固定資産を棚卸できなくても、固定資産台帳をじっくり見てみましょう。137ページで紹介したミツイがオフバランスした理由は、まさにこの台帳にあったのです。三井社長から1本の電話が入りました。

「固定資産台帳をまじまじと見ていたら、とんでもないものを発見しました！」

中古で買った自社ビルの耐用年数が、新設した場合と同じように設定されていたようです。実は**中古資産の耐用年数は、新設時（新規取得時）に比べて短く設定できます。**

本来なら減価償却が終わっているはずの建物が、まだ5000万円ほど帳簿に残ってい

ました。

「どうしたらいいでしょうか？　過去に遡って５０００万円減価償却できませんか？　帳簿には残っていても、実際の価値はゼロなのですよ」

会計事務所のミスということは明らかで、社長も頭にきています。

「残念ながら、過去の分をまとめて減価償却はできません。ここは、オフバランスしましょう」と提案し、子会社をつくって５０００万円の売却損を計上することにしたのです。

三井社長は、いつも偉そうにしている税理士のミスということで大変ご立腹でした。しかも、その税理士は１３７ページのとおり、オフバランスに反対したのです。怒り心頭の社長は、新会社の株主として、この税理士に５％の株式を持たせたのでした（１３２ページのＱ＆Ａ２参照）。

◉廃棄だけが除却ではない

固定資産を除却する方法として、廃棄する以外に実はもう１つ方法があります。それが「有姿除却」です。これは、物理的な廃棄処理はせず、帳簿上のみで除却する方法です。

次のいずれかに該当すれば、たとえ廃棄していなくても、除却損として経費で処理できます。

①その使用をストップし、今後、通常の方法では事業に使わないと認められるもの
②特定製品のために使っていた金型等で、その製品の生産を中止したことにより、将来使用される可能性がほとんどないことが明らかなもの

有姿除却をする設備については、写真を撮り、現在の状況、今後の見通しを細かく記録しておきます。取締役会あるいは稟議書でも承認をとりましょう。

顧問先の店舗を視察すると、議事録で除却したことになっているショーケースが現場に置かれていました。

「社長、これは除却したはずのショーケースですよね？」

「大丈夫です。こっちの（実は除却していないという）エビデンスは残していませんから」

エビデンス第一主義をくれぐれも誤解なさらないように。

7 「原状回復」の工事は修繕費で落とす

先ほど、新規投資の際の節税について紹介しました。しかし、投資というのは常に新規投資ばかりではありません。例えば、地震、台風など災害にあった店舗を建て直すための投資（修繕）もあります。

災害以外の平常時でも、老朽化した店舗や工場に投資をする場面が数多くあります。店舗を魅力的なものにし、お客様から支持され続けるために必要な投資です。あるいは、従業員がより働きやすくなる、作業効率を上げるための投資もあります。こうした改修投資では、災害時の投資と違った判断になります。

この場合は、顧問税理士から次のようにいわれます。

「この投資をすると、店舗の価値が高まりますので、資産計上してください」

「この工事をすると、耐用年数が長くなるので、経費としては落とせませんね」

しかし、経営者としては、できるだけ修繕費で計上したいと考えます。何かよい方法はないのでしょうか。顧問先の2社から修繕に関する相談を受けました。

◉どんな改修工事にも修繕部分はある

改修工事の場合も、エビデンスを分けることがとても重要になります。

東北地方のスーパーマーケットのホクトーの北見常務から相談を受けました。

「来月、山形店を改装する予定ですが、税理士からすべて資産計上しろといわれました」

「山形店は全店の中でも比較的古めでしたね。オープンは15年くらい前でしたか？」

「そうです。わが社の店舗の中でも2番目に古く、20年近くがたちます。さすがに店内もくたびれてきたので、床の張り替えなど、改修工事をしようと考えたのです」

「投資額はいくらぐらいでしょうか？　床はどんなものに張り替える予定ですか？」

「投資額は２０００万円ほどかかります。床はいまより高級な材質にします」

「わかりました。今回は高級な材質の床に張り替えるわけですが、これまでの床は相当傷んでいます。だから、**今回の工事は、原状回復工事と、床の価値を高める工事に分けられます**。少なくとも、原状回復工事については修繕費として経費で落としましょう。現在の床の状況について、写真を撮って記録しておいてください。それから、建設業者からの見積書、契約書、請求書はすべて分けてもらいましょう。つまり**〝原状回復工事〟**と**〝改修工事〟の2枚用意してもらう**のです。税務調査のことを考えれば、細かく分けておいたほうが、あとで説明がしやすいですよ」

◉名目次第で顧問税理士の意見も変わる

さて、中部地方で飲食店経営をしている坂山コーポレーションの坂山社長の話です。

「この店舗の駐車場、ほら、あそこですが、あれを先月、工事したんです。地面が歪《ゆが》んでいて、ラインも剥《は》げていましたから。しかし、うちの顧問税理士からは、修繕費で落とせないといわれました。本当ですか？　うちの税理士は、元税務署長なんですが、なんというか堅いんですよ」

「社長、この工事はまさに原状回復そのものですよ。当然、修繕費です」

「いやいや、私だってそう思うんですけど、納得しないんですよ」

やはり、どの会社でも、こうした修繕工事をめぐる争いというものはあるのです。

「工事業者に依頼して、**見積書から契約書、請求書も原状回復**という名目にしましょう。

別にこれは取引を仮装しているわけでもないですよ。実際がそうなのですから。そのうえで、この書類を税理士に見せて、もう一度、意見を聞いてみてください」

1カ月後に、坂山社長から電話がありました。

「あのあと、いわれたとおりにしたら、『修繕費でいけますよ』だって！　だったら最初から、修繕費でいけますよといってくれたらいいのに！」

第6章

「マサカの坂」に備えたお金の残し方

1 高額の役員報酬をとる

中小企業が決算書を見せる相手先は、基本的に銀行か税務署のどちらかです。なかには、取引先や業界審査、帝国データバンクなどに決算書を提出する会社もあります。

上場企業は、これに投資家や世間の目が加わります。これが、大きな負担です。例えば、第5章で説明した大きな節税策は、株価が下がるため、上場企業では簡単に実行できません。経営者からすれば、中小企業のほうが圧倒的に意思決定しやすいのです。この意味では、これから説明する役員報酬も同じことがいえます。

私は、業績が安定していれば、高額の役員報酬をもらうべきだと考えています。顧問先でいえば、年収3000万〜4000万円もらっている経営者が多いです。なかには、年収が1億円以上という方も何人もいます。

上場会社のサラリーマン社長より、中小企業の経営者のほうがよほど高給取りです。上場会社では「もらいすぎ」と批判されますが、中小企業では堂々ととることができます。

◉なぜ高額報酬をとってよいのか？

ここで、お考えいただきたいのが「**なぜ高額報酬をもらうのか**」です。高額報酬の目的は、決して、私腹を肥やすためではありません。「**会社がピンチになったときに、すぐに資金援助できるようにするため**」です。

何十年も経営をしていれば、必ず業績が落ち込む時期がやってきます。リーマンショックのような経済危機や、東日本大震災のような災害が訪れるかもしれません。食中毒や異物混入、品質不良や施工不良など、社内から問題が発生するかもしれません。想定外のマサカの坂に備えて、経営者にはお金を貯めておいていただきたいのです。

いざ会社がピンチになれば、経営者や一族（親族）への支払いはストップし、それまで貯めたお金を会社に注入していただきたいのです。

経営者の中には、マサカの坂に備えて銀行からできるだけ借りようと考える人がいます。しかし、それは結局、借金なのです。銀行に返済しなければいけません。まして、会社がピンチのときに限って、銀行は早く返せと冷たく迫ってきます。

マサカの坂に備えた銀行対策としては、当座貸越契約が有効です。必要以上に借金を増やすのは、愚の骨頂です。

さて、高額報酬をとっていただきたい目的は、ほかにもあります。その目的とは〝事業承継〟にあります。詳しくは後述しますが、経営者が高額退職金をもらうには、高額の役員報酬が必要となります。あるいは、後継者なら、将来、株式を買い取るための資金をつくる必要があります。

つまり、**事業承継を考えると、経営者や後継者は相応の報酬をもらっておくべき**なのです。

ちなみに、高額報酬をもらっていることは、配偶者（奥様）には隠してください。会社経営を知らない奥様が財布を握ると、あっという間にお金が消えてしまいます。毎月一定額だけを奥様に渡す、あるいは、報酬の一部を別口座に入れるようにしてください。

●役員報酬の水準はいくらが妥当か

役員報酬の話をすると必ず出てくるのが、「いくらにしたらよいか」という質問です。

役員報酬に関して、税法では、はっきりとした基準はありません。一応、会社の業績や同業他社の水準と比較して、適切かどうか判断することになっています。

しかし、現実問題、同業他社の役員がいくらもらっているか、わかるはずがありません。例えば、**役員報酬を増やして大赤字になれば、さすがに高すぎる**という判断になるでしょう。しかし、そうでないならば、役員報酬は柔軟に決めればいい、と考えています。

とはいえ、あまり役員報酬をとりすぎても、会社の財務体質は強くなりません。

- **経常利益額が1000万円なら、月収100万円**
- **経常利益額が5000万円なら、月収200万円**
- **経常利益額が1億円なら、月収300万円**
- **経常利益額が3億円なら、月収500万円**

実務上は、このようなバランスがよいのではないでしょうか。

2 親族を役員にする

中小企業がマサカの坂に遭遇したとき、オーナー一族は従業員を守らなくてはなりません。従業員の給料の遅配だけは避け、取引先への支払いもストップするわけにはいきません。資金不足になれば、当然、自分たちの給料はゼロにするくらいの覚悟でなければいけません。それができるかどうかは、個人の蓄えにかかっています。

役員報酬は1人で5000万円よりも、5人で1000万円ずつのほうが、所得税は安く済みます。だから、平常時は、一族全体として、少しでも税金を抑えることを考えてください。例えば、「奥様やお母様を取締役や監査役にして所得を分散させる」「社長一人が突出して高額報酬なら、これを引き下げ、取締役のご子息の報酬を上げる（ただし、高額退職金をもらう場合は、その3年前から高額報酬をもらっておく）」といった方法です。

とはいっても、これが行きすぎると、会社の経営に大きなマイナスとなります。「何もしていない奥様を専務取締役にして年収２０００万円近く支払う」「会社が大きくなっても、役員全員を一族で固める」ような会社では、従業員のやる気はダウンし、会社の成長もストップしてしまいます。節税は大切ですが、経営で一番重要なのはバランスをとることです。

◉取締役、監査役の仕事をエビデンスとして残す

奥様やお母様を役員にする場合は、はっきりいって、名前だけの役員になります。このときに問題になるのが、いくらまで役員報酬を出せるかです。

１つの目安は、非常勤の取締役で月収50万円、監査役で月収20万円という水準です。もちろん、会社の収益状況や本人の役割によって報酬額を動かせばよいでしょう。

ときどき、「会社に出勤していないのに、役員報酬が高すぎる」と反対する税理士がいます。これは間違いです。**そもそも取締役に、出勤義務はありません。**経営責任を負うことが取締役の役割なのです。

しかし、税務調査で「会社にはまったく関与していません」と正直にいえば、問題になります。それなら、取締役として確かに経営に関与しているというエビデンス（証拠書類）を残せばいいのです。

例えば、毎月の試算表などに目を通し、捺印するだけでも仕事をしていることになります。監査役の場合は、どうすればよいでしょうか。監査役の場合も同じように、監査した記録を残すことです。“帳簿は適正に作成されています〟ということを1枚の報告書として残しておくのです。何か仕事をしているというエビデンスを残せば、税務調査で指摘されることもなくなります。

当然ですが、名ばかり役員は、その収入に手をつけないようにしてください。

◉病気の妻の役員報酬は？

関東地方で雑貨店を営むテンツーの市村社長から相談を受けました。

「これまで、私の妻には非常勤の取締役として月に30万円払っていました。一応、ときどき店舗に出て店番をしてもらっていました。ただ、妻の体調もよくないので、来年から店番はほかの人間に任せることにしています。税理士から、役員報酬を5万円に下げろといわれていますが、下げなければダメですか？」

「非常勤役員なら月額30万円は一般的ですよ。別に下げる必要はありません。参考に、非常勤役員の報酬に関するデータをお渡しします。これを税理士に見せましょう」

１週間して電話がありました。

「税理士から〝あのデータには大企業も交じっているから認められない〟といわれました。どうしたらいいでしょうか？」

「では、逆に税理士にデータをもらったらどうですか。役員報酬のデータなんて、ほとんど出回っていません。出せるものなら、出してもらいましょう！」

数日後、顧問税理士から送られてきたという資料を見せてもらいました。

「これを見ると、他社の取締役も30万円かそれ以上もらっているじゃないですか」

税理士は渋い顔をして「30万円が絶対ダメとはいっていませんから……」といってきたそうです。

税理士が反対したときに、「なぜですか？」「根拠を教えてください」と聞くことが大切です。

3 高額の退職金をとる

私は、これまで20社以上、高額の退職金の支給をお手伝いしてきました。そのほとんどは、顧問税理士から反対されている経営者からの依頼です。北は北海道から南は鹿児島まで、地域も業種もバラバラです。金額的には3億円程度から20億円超までと、たくさんの会社をお手伝いしました。

この役員退職金も、上場会社の社長より中小企業の社長のほうがもらいやすいのです。沖縄にある売上20億円の酒造会社では、創業者に6億円の退職金を支払っています。一方、日本で一、二を争う小売業の中興の祖に対する役員退職金も6億円でした。上場会社は、やはり投資家や世間の目があるため、高額の退職金を出しづらいのです。

中小企業で気にしなければならないのは、税務調査です。高額退職金を支給すると、必ず税務調査に入られます。私は、**税務調査で否認されない範囲で、なるべく退職金をとっ**

ていただきたいと考えています。この点が、「なるべく少なめに」と考える顧問税理士と大きく違うところです。

◉高額の退職金で経営者の功績に報いる

役員退職金の相談に来る経営者のみなさんは、金額ばかりに関心があります。これは当然なのですが、その前に立ち止まって考えてもらいたいことがあります。それは、「なぜ高額の退職金を出すのか？」ということです。

高額の退職金を支給する目的は、２つあります。

１つ目の理由は、「**経営者の功績に報いるため**」です。そもそも、退職金とは、退職した人の労に報いるという性格のものです。ですから、功績がたくさんあれば、高額の退職金を出して、経営者に報いるべきなのです。

そして、ここで大切なことは、**経営者の功績を文書にまとめておく**ことです。高額の退職金の税務調査では、「退職金が高すぎる」といって問題になることがあります。会社と税務署それぞれ「適正」と考える金額に大きな差があるのです。双方が納得できなければ、最終的には裁判で決着をつけることになります。

この点、高額の退職金が認められた裁判では、裁判長は次のように述べています。

「**功績が大きい経営者には、高額の退職金を払っても不当とはいえない**」

功績をどのように考えるかという点については、第8章でも説明します。

●高額の退職金で事業承継を円滑に行う

高額の退職金を支給する2つ目の目的は、「**事業承継を円滑に行うため**」です。

現在、中小企業で多い悩みの1つが、事業承継です。後継者がいない会社は、M&A（合併・買収）で会社をまるごと他社に売却するような例も増えています。実際、私も1年に数回は、M&Aのお手伝いをする機会があります。しかし、中小企業のほとんどは、ご子息に事業を承継します。

事業承継のポイントは、社長が持っている株式（議決権）を後継者にスムーズに渡すことです。株式は、企業経営では「バトン」です。バトントス（株式の譲渡）をスムーズに行わなければ、会社経営は不安定になってしまいます。会社経営が不安定になれば、社員を路頭に迷わすことになります。これだけは、絶対に避けなければいけません。

このバトントスの際に立ちはだかる壁が、株式の価値（株価）の問題です。業績のよい会社というのは、貸借対照表の右下の剰余金がたくさんあります。すると、株価も高くなってしまうのです。

もともとこの剰余金は、税引前利益から40％近い税金を支払ったあとの金額です。相続や贈与で株を後継者が譲り受ける場合、株価が高いと、たくさんの税金がかかります。場合によっては億単位のお金が必要になることもありますが、**これは完全に二重課税です。**

このときに、高額の退職金を支給すれば、株価を引き下げることができます。株価が下がれば、後継者に株式を集中させやすくなります。

それが結果的に株式の分散を防止し、内紛の発生を防ぐことにつながるのです。つまり、**高額の退職金を支給するのは会社を守るためでもある**ということです。

4 小さな子会社で所得分散、目立たなければ調査も来ない

ここでは少し視点を変えて、どういう組織体制がよいのか、節税の観点から見ていきます。私は、儲かれば会社を増やして利益を分散させるべきだと考えています。メリットは3つあります。

①分散したほうが税金は安く済む
②経費に計上できる枠が増える
③小さければ、目立たず税務署の目にもとまりにくい（64ページ）

①中小企業は年間800万円までの（税引前）利益については、法人税が安く済みます。具体的には、利益額が800万円以内か800万円超かで税率が約8％違ってきます（注：

801万円になった場合、800万円までは低い税率で、1万円に対して高い税率がかかります)。

例えば、1社で8000万円なら法人税は約1800万円です。一方、1社800万円×10社なら、法人税は約1200万円です。同じ利益でも法人税に差が出てくるのです。

ただし、これはあくまで税金だけを考えた場合に、いかにメリットを出すかという話です。**会社を増やすと、管理が甘くなって目が行き届かなくなるという欠点があります。**そうなれば、例えば不正（横領、着服）が起きやすくなります。また、会社が増えれば、その分の事務負担も多くなります。こうしたデメリットも理解したうえで、グループ会社の設立を検討してください。

●王道は不動産会社、仕入会社、製造会社

グループ会社をつくるときの着眼点は、「**分ける**」という発想です。①**資産**を分ける、②**機能**で分ける、③**エリア**で分けることを考えましょう。

①資産を分けるなら、資産管理会社をつくります。代表例は、不動産の管理会社です。125ページでも説明したオフバランスで、不動産管理会社をつくれます。

②機能で分ける場合の代表例は、仕入会社や製造会社、販売会社です。いまは外注している業務（清掃、保守など）を新会社にやらせてもよいでしょう。あるいは、企画開発を行う会社、リース会社（自動車、備品、美術品）も考えられます。

③エリアで分ける場合は、東日本と西日本、日本とアジアなど活動地域に着目します。

新会社をつくると、なんらかの形で、現在の会社（本体と呼びます）と取引が発生します。賃貸借、仕入、外注などで取引が生まれます。当然ながら、お金の支払い、受け取りも伴います。このときの取引価格が1つのポイントになるのです。

会社間の取引には株式のような市場はありません。価格設定は柔軟にできるのです。だから、家賃、仕入価格、作業単価を調整し、本体の利益を別会社に残すようにします。

ただし、好き勝手やっていいかというと、それは程度の問題です。本体が第三者と取引するときの価格を1つの目安と考え、その価格の倍または半値など、あまりにかけ離れた極端な価格は税務上も認められません。

●経費計上できる枠を増やし、個人としてもメリットが生まれる

会社を増やすことの2つ目のメリットは、経費に計上できる金額が広がることです。

例えば、次の項目は、1社単位で経費に計上できる枠が決まっています。

- **交際費の経費計上可能な枠は年間８００万円まで**
- **少額減価償却資産（１４１ページ参照）は年間３００万円まで**
- **経営セーフティー共済（74ページ参照）は総額８００万円まで（年間２４０万円まで）**

会社の数が増えれば、この枠も会社の数だけ広げられるのです。その他、別会社をつくって、本体の役員、従業員を転籍させることで、退職金を計上することもできます。

ちなみに、小さな会社をつくると、**小規模企業共済も使える**ようになります。これは、中小企業の役員退職金の積立保険のようなもので、経営者個人が支払う経費です。この共済は、年間84万円まで掛けることができ、その掛金は個人の所得から控除されます。つまり、掛けた額に応じて、個人の所得税が減額されることになります。そのうえ、解約した際は、退職金扱いとなるので、税金がとても安く済みます。

優れた制度ですが、従業員が20名以下の会社しか入れないなど加入条件は限定的です。本体だと大きすぎて入れない場合は、少人数の子会社の役員として加入しましょう。

5 家族しかいない会社（ファミリーカンパニー）をつくる

「経営者の公私混同は許されない。お金にきれいであるべきだ」と考えている人は多いです。社内にも社外にも「公私混同は悪」と宣言している社長もいます。

しかし、私の経験上、そういう社長も、実は、完全にキレイなわけではありません。高額の退職金をお手伝いしているとよくわかります。退職金の金額は、言葉にしなくても、「ちょっとでもたくさん欲しい」と顔に書いてあります。聖人君子でない限り、お金は欲しいし、自分の財布は痛めたくないと思うのが当然なのです。

それでもやはり、従業員の視線は気になるものです。何かよい方法はないでしょうか。

また、先ほど、中小企業でもM&Aによる会社売却が広がっていると書きましたが、子供に事業は継がせずに、同族外の幹部に社長を譲る方もいらっしゃいます。この場合、一人の父親（母親）として、経営者は次のように考えます。

「経営は第三者に譲っても、収入だけは家族に安定的に与えたい」

こういった場合、どうすればいいでしょうか。

これらの対策の1つは、一族しかいない会社（ファミリーカンパニー）をつくることです。会社としては、収入が安定していて管理もしやすい不動産会社がお勧めです。そして、この不動産会社を上手に使って、一族にお金を残していくのです。

●高額の人間ドックを福利厚生費として処理する

では、具体的にどのように一族の手元にお金を残していけばよいのでしょうか。

1つには、福利厚生を上手に使うことです。例えば、経営者の方から、人間ドックについて、ときどき相談を受けます。

「人間ドックは福利厚生費として落ちると聞いたのですが、役員賞与といわれました。経費として落とすことはできないのでしょうか？」

「どんな人間ドックでしょうか？　一般社員はどうされていますか？」

「一般社員は、正社員に限って5000円ほどの健康診断を受けさせています。役員はクリニックのＶＩＰ会員になっていて、30万円の人間ドックを受けています。顧問税理士からは、〝一般社員と役員で差がありすぎる〟といわれたのですが……」

だいたい、このようなやりとりになります。

税務の世界で、福利厚生といえば、〝全員が同じ条件で受けられる〟ことが必要です。役員だけ飛び抜けて高いと、税務調査で否認されてしまいます。

ならば、家族だけの会社をつくり、〝全員同じ条件〟で受ければ、福利厚生費で処理できます。

とくに、ハードワークの経営者にとって、健康は何にも代えがたいものです。高いお金をかけても、よい病院で診てもらっていただきたいと考えています。

◉福利厚生が満載の会社にする

福利厚生でよく問題となるものとして、健康診断のほかに、社員旅行があります。社員旅行が福利厚生費として認められるには、全員を対象にする必要があります。実際に全員参加ができない場合でも、全体の半分以上の参加が必要です。

このとき、一族だけの会社があれば、家族旅行＝社員旅行となります。

このほか、次のような費用も全従業員を対象にすることで福利厚生費で計上できます。

・慶弔見舞金（結婚・出産祝い金、病気見舞金、香典など）
・忘年会、新年会などレクリエーション費用
・社宅
・保養所（リゾートホテルなどの会費など）
・制服費用（通勤や社外で着用せず、社名入りであるもの）
・外部の福利厚生サービスの利用費
・育児、介護関連（保育園料の補助、介護保険対象サービスを利用した時の補助など）

ほかの従業員の目が気になる場合は、家族だけの会社でこうした費用を落とし、手元（個人）のお金を使わずに残していってください。

これらを費用として落とすためには、当然ながら、それだけの利益を上げる必要があります。この点については、不動産会社がもらう賃料を相場より高く設定するなどして、収入を増やせばよいのです。

6 日当に税金はかからない

初めてお会いした経営者には「出張日当はいくらでしょうか?」と聞くようにしていま
す。このように質問すると、一番多いのは〝1万円前後〟という答えです。

「なぜですか?」と質問すれば、「顧問税理士と相談して決めました」と返ってきます。

なかには、「日当はもらったことがありません」という社長さんもいらっしゃいます。「とくに理由はないけど、必要ないと思ったから」というのが理由だそうです。

その一方で、「日当は3万円もらっています」という社長もいらっしゃいます。「だって、日当には税金がかからないでしょう」とおっしゃいます。

そのとおりです。財務に強い会社は、給料ではなく日当を多く支払うようにしています。

いいます。

◉高いといわれたら、「更正決定してください」

「役員報酬をもっと増やしたらどうですか?」と社長に提案すると、次のようにおっしゃいます。

「これ以上もらっても、税金をとられるだけだから」

確かに、個人の役員報酬の所得税は、最高税率が45%と約半分が税金で持っていかれます。おまけに、役員報酬を増やせば、健康保険や厚生年金といった社会保険料も高くなります。役員報酬をせっかく引き上げても、思うように手取り額は増えないのです。

このときに、**日当を活用すれば、手取り額を増やすことができます**。とくに、出張が多い経営者は、日当を多くすることで、メリットがより大きくなります。

では、具体的にいくらくらいが妥当なのでしょうか?

私の知る限り、**経営者（会長、社長）の日当としては、高い方で4万円**もらっています。

「じゃあ、うちも4万円にしよう」と顧問税理士に伝えると、「高すぎます」と反対されます。

顧問税理士は次のようにいいます。

「公表データでは、社長の平均は1万円ですので、その範囲内にしてください」

しかし、それはあくまでも平均額です。そもそも日当とは、**肉体的、精神的な負担を慰**

労するための対価です。例えば、次のようなことが考えられます。

- **高齢者になれば、マッサージなど体のメンテナンスにお金がかかる**
- **女性であれば、護衛をつけることがあるかもしれない**
- **ハイクラスのホテルなら、チップを渡す場合もある**

経営者は、ポケットマネーからお金を出す場面が多いのです。とくに、多忙な経営者であれば、心身を労《いたわ》るためのお金がたくさん必要になります。

税務調査で「日当が高い」といわれたら、修正申告ではなく、**更正決定**をしてもらいましょう。日当が高いと証明するのは税務署であり、そのハードルは高いのです（240ページ参照）。

◉あらゆるものを調査して日当をもらう

この日当は、調査費と上手に組み合わせるとよいと考えています。

例えば、小売業を営む経営者が国内でも海外でも、旅行に行ったとします。そのときに、現地の小売店に足を運び、写真を撮っておきます。後日、その写真を貼って「○月○日、××××視察、参考になった点は××××」と記録を残します。そうすれば、立派な市場調査の調査研究費として処理できます。

さらに、高めに設定した日当をもらえば、お金は貯まっていきます。

ホテル業の経営者であれば、どこに行こうが市場調査になります。一流ホテルの接客、部屋の内装、アメニティなどすべて調査研究目的にできますね。あるいは、飲食業であれば、どこで食事しようが、メニューの調査という名目が立てられます。

必ずしもご自分の会社のご商売と同じ業態でなくても、参考になる部分は必ずあります。女性用下着メーカーの常務は、若い子の調査と称し、夜な夜な市場調査に出かけています。これも確かに市場調査といえますね。

「好奇心を持って調査する」という視点に立てば、街の歩き方は変わります。その際、現場写真や調査記録といったエビデンスを必ず残すクセをつけましょう。旅行の場合、旅程表、見積書、請求書はすべて「視察旅行」としておきましょう。

エビデンスさえ整えておけば、税務調査を恐れる必要はありません。

第7章

設備投資をすべて経費で落とそう

1 期限付きの即時償却を見逃すな

節税という点で、減価償却費は大きなポイントであり、この減価償却費を増やす（スピード を速める）対策が、特別償却でした。使える特別償却は119ページでご説明しましたが、これらは30％の上乗せ償却です。

一方で、これからご紹介する**「即時償却」は100％の上乗せ償却**です。つまり、500万円でも5000万円でも5億円でも**一気に減価償却に計上できる**のです。即時償却は、決算日に関係なく、平成31年3月末に取得し使い始めることが要件です。この本が出版されてから、残り半年ほどしかありませんが、まだ間に合います。

通常、減価償却は、月割で按分しますが、即時償却は1日でも全額できるからです。極端なことをいえば、**平成31年3月31日に使い始めれば、即時償却できる**のです。

この即時償却という制度は、期限付きの法律（時限立法）で定められた制度です。そのため、平成31年4月以降に設備を取得しても、即時償却を使うことはできません。

ただし、政府は毎年12月頃、中小企業のための優遇税制を考えて発表しています。ですから、**設備投資に関する優遇税制について顧問税理士に毎年末に確認しましょう。**

それでは、即時償却制度について、具体的に説明します。

◉メーカーからの証明書か投資計画が必要

即時償却は、「中小企業等経営強化法」という法律のもとで使える制度です。名前のとおり、この法律の対象は、資本金が1億円以下の中小企業です。

この制度を使うには、**「経営力向上計画」を作成して、認定を受ける必要**があります。

そして、この計画に、投資をする設備の内容を記載しておくのです。

具体的な設備内容はのちほど説明しますが、大きく分けて次の①②のいずれかです。経営力を強化する設備投資ということで、いかにもそのような名前がついています。

①生産性向上設備（A型）
②収益力強化設備（B型）

ポイントはそれぞれ次のとおりです。

①の設備投資のポイントは、**「生産性が向上する」ことの証明が必要**な点です。設備を買った本人が「これは生産性が上がるのだ」とどんなにいっても、説得力に欠けます。このため、外部（工業会）から証明書をもらう必要があります。

証明書をもらうのは面倒な感じがしますが、そんなことはありません。

「〝中小企業等経営強化法〟の制度を使いたいので、証明書をください」と、設備等の販売業者に伝えてください。彼らは、メーカーを通じて証明書を入手してくれます。

次に②の設備投資のポイントは、**投資利益率が5％以上の計画の作成が必要**な点です。大変難しそうですが、この計画ははっきりいって〝絵に描いた餅〟でかまいません。申請したとおりの利益率が出なくても、まったく問題ありません（罰則なし）。

この計画は手間がかかりますが、即時償却できる範囲は①に比べて広くなります。

大きな税務メリットを得るには、こうした手続きを面倒くさがらず、マメに対応することです。

●経営力向上計画の作成はA4用紙で3枚程度

さて、①生産性向上設備における証明書の入手、または②収益力強化設備における投資計画の承認後は、「経営力向上計画」の作成です。この計画は、たくさん書く必要はなく、A4用紙で3枚程度にまとめるだけです。

大きな項目は、次のとおりです。

- **会社の概要（会社名、事業分野、実施時期等）**
- **現状認識（事業概要、顧客、市場動向、競合動向、経営状況）**
- **経営力向上の内容（具体的な取り組み）**
- **経営力向上を実施するために必要な資金額、調達方法**
- **経営力向上設備等の種類**

各項目のスペースは少ないですし、審査員（経済産業局の職員）は会社の人間ではありません。正直、細かい内容はよくわからないでしょう。だから、恐れるに足らないのです。

2 強い会社は早く回収して投資をしている

51ページで会社の優劣を判断する指標として、**①自己資本比率**、**②総資産経常利益率（ROA）**の2つを挙げました。

①の自己資本比率は、自己資本÷総資産で計算され、全財産（総資産）のうち、どの程度、自分で稼いだお金（自己資本）で調達したかを表しました。これが高ければ高いほど、会社は安定していることになります。

一方、②の総資産経常利益率（ROA）は、「少ない資産でどれだけ儲けているか」を測る指標でした。この指標は**図14**のように分解できます。

総資産経常利益率（ROA）＝売上高経常利益率×総資産回転率

図14　ROAの分解式

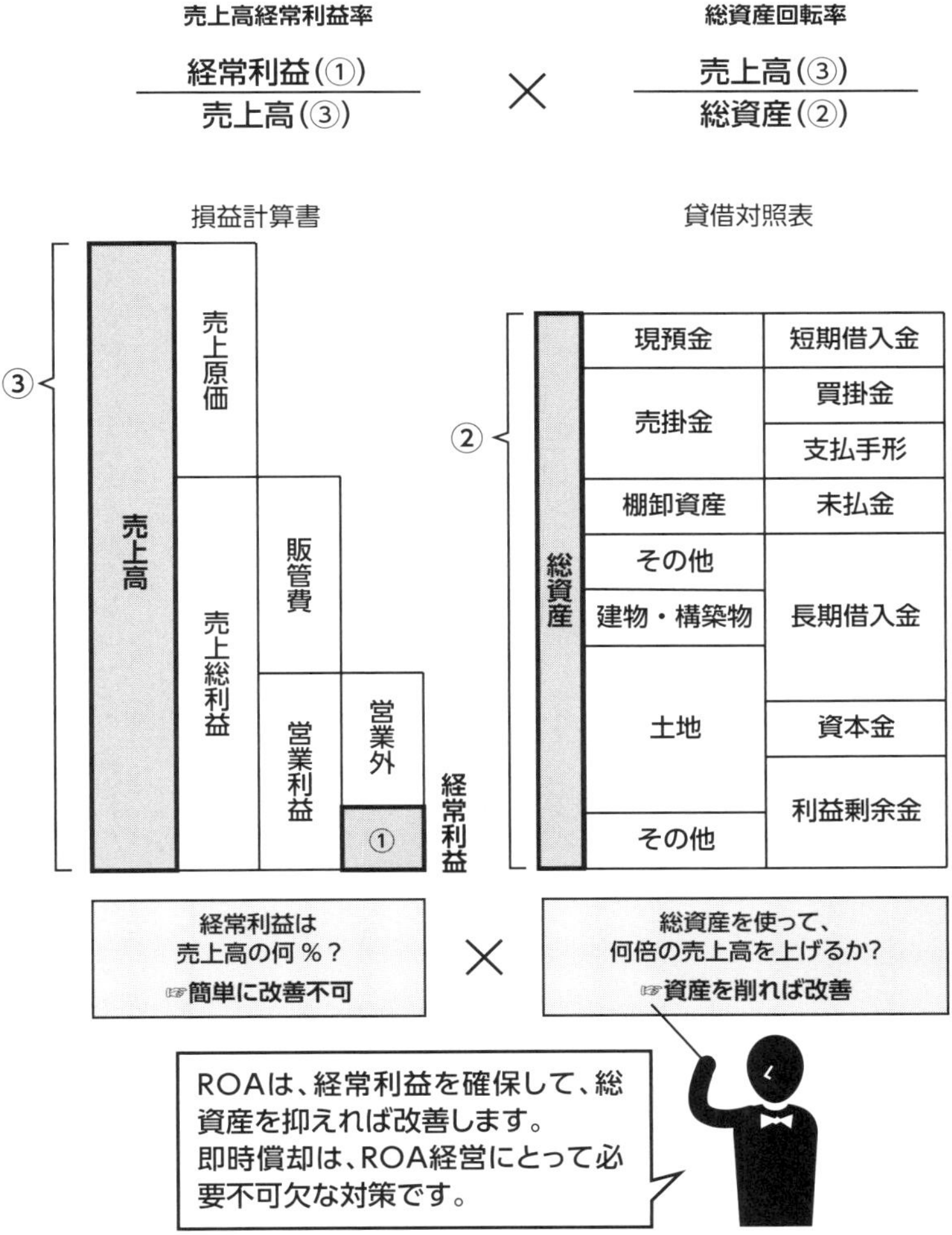
売上高経常利益率
経常利益(①)
売上高(③)
×
総資産回転率
売上高(③)
総資産(②)
損益計算書
③
売上高
売上原価
売上総利益
販管費
営業利益
営業外
①
経常利益
貸借対照表
②
総資産
現預金
売掛金
棚卸資産
その他
建物・構築物
土地
その他
短期借入金
買掛金
支払手形
未払金
長期借入金
資本金
利益剰余金
経常利益は
売上高の何％？
☞簡単に改善不可
×
総資産を使って、
何倍の売上高を上げるか？
☞資産を削れば改善
ROAは、経常利益を確保して、総資産を抑えれば改善します。
即時償却は、ROA経営にとって必要不可欠な対策です。

この数字も高ければ高いほど望ましいです（効率的に稼いでいる）。

このうち、**総資産回転率とは、いまある資産を使って、どれだけ売上を上げたか**です。繁盛店は、少ない席数（資産）で大きく売り上げています（回転がよいといいますね）。

この計算式を見ると、「売上高経常利益率」は簡単には改善できません。となれば、右（総資産回転率）を上げることを考えなくてはいけません。

●即時償却で回転主義を実現しよう

ヒト、モノ、カネのない中小企業が勝ち抜くには、「回転主義」に徹することが必要です。

総資産回転率を上げる回転主義経営のポイントは、次の2点です。

①資産を持たない、増やさない
②投資したお金はすぐに回収する

この点、資産を増やさず、手元の現金を増やせる即時償却はもってこいなのです。

強い会社になるには、次のようなサイクルを回し続けることになります。

「経営力を強化する（生産性を高める）ための設備投資をする」→「即時償却（特別償却）を使う」→「手元にお金を貯める（社外流出を防ぎ、投資したお金を早く回収する）」→「貯めたお金で次期にさらに投資する」

この流れを繰り返すことで、他社より強い企業になれるのです。

これを実現している会社が、近畿地方で製紙業を営む三吉です。三吉の工場では、国内に数台しかないような最新設備を目にすることができます。三吉では、常に最新設備に投資して、即時償却をしています。

導入した設備は数年使い、その後に売却します（簡単に値崩れせず、高値で売れる）。設備の売却代金で、さらに最新の設備を投資しています。設備は、必要に応じて協力業者に賃貸して、賃貸収入を得ています。

このように**最新設備を次々に回転させることで、生産性と品質をアップし、顧客の支持を得ています**。

それと共に、**減価償却を上手に活用し、お金を生み出しているのです**。

◉人手不足時代には設備にドンドン投資すべし

優れた会社は、モノだけでなく、ヒトも効率的に使っています。つまり、少ないヒトでたくさん稼いでいるのです。

少ないヒトでたくさん稼ぐには、**「①個人の生産性を上げること」**と**「②人の頭数を減らすこと」**の2つの方法があります。

中小企業ではどこも「いい人材がいない！」と嘆いています。そして、ちょっと仕事に慣れたかと思えば、すぐに辞めていってしまいます。つまり、「①個人の生産性」はなかなか簡単に上げられない、ということです。

ですから、私は「②人の頭数を減らすこと」を考えるべきだと思っています。それは、生産性の高い設備を常に入れ続けることで実現できると考えています。とくにこれからは、どの業界でもいまよりさらに人手不足が目立ってきます。人手不足時代の対策としても、生産性の高い設備への投資は必須になってくるのです。

3 投資計画は絵に描いた餅でいい

それでは、具体的にどんなものが即時償却できるかを確認していきましょう。即時償却の対象は、①生産性向上設備（**A型**）と②収益力強化設備（**B型**）の2種類あります。それぞれ**図15**を参考にしてください。

基本的には、**生産、あるいは販売に関係している必要**があります。例えば、製造業の工場、小売業の店舗、自動車整備業の作業場などが挙げられます。

そしてアイテムでいえば、次のものが対象になります。

機械装置、工具、器具備品、建物附属設備（電気、給排水、ガス、冷暖房設備など）、ソフトウェア（システムなど）です。

製造、販売に関係するアイテムであれば、即時償却の対象になります。

ちなみに、これらを**リースした場合のリース資産も即時償却の対象**になります。

ただし、残念ながら、「建物」は対象外です。また、本社、宿舎、福利厚生施設に関する投資や、事務用器具備品は対象外です。これらは、生産や販売に直接関係がないからです。では、即時償却の対象となるアイテムのさらに詳しい条件を見ていきましょう。

●A型は工業会から証明書をもらう

A型の生産性向上設備は、次の3つの条件が必要です。

まず①一定以上の金額であること、②販売開始から長期間が経過していないことが必要です。この①②を種類別にまとめると、次のとおりになります。

- 機械、装置（160万円以上）販売開始から10年以内
- 工具（30万円以上）販売開始から5年以内
- 器具、備品（30万円以上）販売開始から6年以内
- 建物附属設備（60万円以上）販売開始から14年以内
- ソフトウェア（70万円以上）販売開始から5年以内

図15　生産性向上設備と収益力強化設備について

類型	生産性向上設備　(A型)	収益力強化設備　(B型)
主な要件	◆生産性が旧モデル比年平均 1%以上改善するもの	◆投資収益率が年平均5% 以上の投資計画に係る設備
対象設備	◆機械、装置 (160万円以上、販売開始10年以内) ◆測定工具および検査工具 (30万円以上、販売開始5年以内) ◆器具、備品 ※試験・測定機器、冷凍陳列棚など (30万円以上、販売開始6年以内) ◆建物附属設備 ※ボイラー、LED照明、空調など (60万円以上、販売開始14年以内) ◆ソフトウェア ※情報を収集・分析・指示する機能 (70万円以上、販売開始5年以内)	◆機械、装置(160万円以上) ◆工具(30万円以上) ◆器具、備品(30万円以上) ◆建物附属設備(60万円以上) ◆ソフトウェア(70万円以上)
必要書類	工業会等の証明書	経済産業局の承認
その他	生産等設備を構成するものであること 国内への投資であること 中古資産・貸付資産ではないこと	

生産等設備が対象。事務用器具備品、本店、
寄宿舎などに係る建物附属設備等は対象外。
（ただし、例外としてp.196を参照）

古すぎる設備は対象外ですが、**最新式である必要もありません**。

さて、最後の条件は、③旧モデルと比較して効率が年平均1％以上向上するものであること。これについては販売代理店に問い合わせて、この条件を満たしていることの証明書をもらいましょう。

証明書は、**工業会という組織が発行しており、条件を満たせば、必ず発行してくれます**。

しかし、販売業者の中には、この制度をまったく知らない人間がいます。その場合は、別の担当者に問い合わせるか、メーカーあるいは工業会に直接問い合わせてください。

◉B型の計画書は絵に描いた餅でＯＫ

次に、Ｂ型の収益力強化設備ですが、これは少々やっかいです。こちらも条件は３つです。

①金額の基準は、先ほどのＡ型と同じです。ほかの条件は、②投資計画における年平均の**投資利益率が５％以上**となることが見込まれること、③投資計画について経済産業大臣の確認を受けること（**経産局に承認をもらう**）です。

一番のポイントは、自社で投資計画を作成することにあります。そして、投資計画は〝投資利益率〟が５％以上となるようにつくる必要があります。

図16　B型の投資利益率の計算

$$\frac{\text{（営業利益 ＋ 減価償却費）}}{\text{設備投資額}} \geqq 5\%$$

分子の（営業利益＋減価償却費）は、3年間の平均額です。

投資利益率は「（営業利益＋減価償却費）÷設備投資額」で計算します（**図16**）。１億円の投資をしたら、それによって５００万円以上儲かる必要があるということです。

そして、それを公認会計士か税理士の承認をもらったうえで、経産局に提出するのです。こうなると、「かなり面倒くさいなぁ～」と思われるかもしれません。しかし繰り返しになりますが、**この計画は、絵に描いた餅でいい**のです。のちのち達成できなくても、即時償却が取り消されることはありません。

私は、これまで何社もお手伝いしていますが、経産局がチェックするのは形式面です。なぜなら、**経産局の人は、投資計画の内容が正しいかどうかなど見抜けるはずがない**からです。そして、経産局は、この計画を通すのが仕事です。できれば通したいのです。だから、**経産局の担当者は、わからなければ親切丁寧に教えてくれます**。

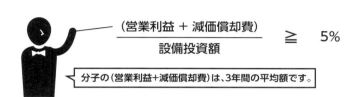

ちなみに、経済産業局のサイトを見れば、事例集や必要資料が手に入ります。

●B型を申請する場合のスケジュールは？

A型は工業会の証明書をもらって完了ですが、B型はそういうわけにはいきません。これまで何社もお手伝いしてきた経験から、B型の即時償却のスケジュールとしては、余裕を持って次のように考えるのがいいでしょう。

①取得（完成引渡し）の5カ月前……投資計画づくりに着手
②取得（完成引渡し）の4カ月前……投資計画の申請
③取得（完成引渡し）の3カ月前……投資計画の承認
④取得（完成引渡し）の2カ月前……経営力向上計画の申請
⑤取得（完成引渡し）の1カ月前……経営力向上計画の承認
⑥設備の取得

ポイントは、投資計画の承認後に、経営力向上計画（183ページ）の承認も必要な点です。

右のスケジュールはあくまで余裕のあるスケジュールです。詰めて行えば、2カ月くらいに短縮することができます。

また、基本的に⑥の設備の取得前にすべて終わるのが原則ですが、例外もあります。60日ルールといって、④は設備取得後60日以内でもOKになっています。ただし、②の投資計画は必ず設備取得前に申請するようにしてください。

◉内装も即時償却できる

今回の税制では、建物（躯体工事）は対象外ですが、内装工事については即時償却ができます。この点の理解があいまいになっている税理士もいます。

九州地方で、惣菜の製造販売業を営む狭山商店の場合です。狭山専務から「半年後にできる新店舗を即時償却したい」と相談されました。

「本当に即時償却できるんですよね？」と狭山専務が渋い顔をします。

「実は、今回は、居抜き物件への投資で、内装を中心に投資する予定です。税理士から、内装は建物にあたるから即時償却の対象外だといわれました」

「税理士がおかしいですね。今回の税制では、確かに建物は対象外です。でも、**電気、給**

排水、ガス、冷暖房設備など主な工事は〝建物附属設備〟になります。ですから、もちろん**即時償却できますよ**」

「あぁ、よかった。ところで、建物か建物附属設備か、境界線は曖昧ですよね？　**見積書や請求書を工夫して、少しでも建物附属設備を多くしよう**と思います」

２カ月後、狭山専務にお会いして、その後を聞いてみました。

「あのあと、税理士ともう一度、話し合いました。建物附属設備の金額でもめましたが、結局、投資額のほとんどを即時償却できました」

●本社ビルも即時償却の対象に？

関西で、ペット用品の製造販売を手掛けるテライは、本社ビルの建設を予定しています。

「実は、本社ビルの中にショールームを設ける予定なんです」

「社長、ショールームをつくるなら、ビル全体が即時償却の対象になりますよ」

実は、本社ビルでも一部に店舗やショールーム、作業場があれば、即時償却できるのです。

「それは知らなかった。すごいですね」と早速、Ｂ型の計画づくりに着手します。

「本社ビルへの投資で利益率が５％なんて、どう考えたらよいのでしょうか？」

経理部長から質問が挙がります。

「本社にショールームをつくることで展示会を自前でできるようになりますよね。ショールームで並べるアイテムは、これまでの展示会より増えます。アイテム数が増えるため、展示会の効果はいままでより大きくなりますよね。どの程度増えますか。20％？　それじゃあ目標利益に足りないです。ここは思い切って50％増えることにしましょう。えっ何？　そんなに増えない？　大丈夫ですよ、何％増えるかなんて、誰もわからないですから。もちろん経産局の人にも」

私は、経理部長と一緒に近畿経済産業局まで同行し、経産局の審査に立ち会いました。

結果、こちらの計画にきついツッコミはなく、承認をもらえたのです。

関東、近畿、九州と全国の経産局に同行していますが、みなさん親切にしてくれます。ですので、自信を持って、絵に描いた餅の計画書を出しましょう。

第8章

社長は高額の退職金をもらいなさい

1 高額退職金は30年に一度の税務対策

私は、経営者の退職金支払いは30年に一度の税務対策だと考えています。だから、できるだけ多く退職金をとってもらいたいのです。

ところが、相談に来られる経営者の顧問税理士は、逆のことを考えています。

「そんな高額は、出したことがない」「相場とかけ離れているので、否認される」

ご自身の経験やまわりの評価をもとに、税理士は判断しているようです。しかし、そもそも経営者の退職金というのは、30年に一度あるかないかです。税理士は、そんなに多くの場面を経験していません。だからどうしても、**税理士が考える退職金の金額は低くなってしまう**のです。

私たちが退職金に関してお手伝いする場合、その会社の税理士と面談させていただきます。

「責任は私たちが」というと、これまで反対していた税理士は「それなら、お任せします」

となります。結局、会社のことよりも、ご自身の責任を考えているのです。

◉会社にも個人にもメリットが大きい

高額の退職金は、**会社にとっても個人にとっても、どちらにも大きなメリット**があります。

まず、会社にとっては、すべて経費として計上できます。繰越欠損金（１２６ページ）が発生すれば、向こう何年間にもわたって法人税は発生しません。退職金の支給後は、これまでの役員報酬を大幅に減らすため、その分、利益が増えます。利益が増えても、法人税を払わないため、会社にどんどんお金が貯まっていくのです。

また、高額の退職金は、**個人にとっても「所得税が安い」**というメリットがあります。

例えば、役員報酬の場合は、簡単にいうと「報酬金額×所得税率」で計算されます。報酬金額に応じて所得税は高くなり、最高税率は約50％です。一方で、退職金の税率は、次のように、２つのポイントがあります（**図17**）。

①役員年数に応じた控除額があること（30年なら１５００万円の控除）
②退職金額に2分の1を掛けたものに税率がかかること

図17　退職金の所得税は安い

退職金の所得税　＝　退職所得　×　所得税率

（退職金 － 退職所得控除）× 50% ＝ 退職所得

↑ メリット①　　↑ メリット②

メリット①

- 役員年数が、20年以下なら……
  ⇒役員年数×40万円
- 役員年数が、それより長いなら……
  ⇒800万円＋70万円×（役員年数－20年）

メリット②

所得税は、退職金額の50%の金額に対してかかる。
その分、所得税は安くなる

高額退職金の税金は、約25%です（所得税＋住民税）。役員報酬にかかる税率の約半分であり、とても優遇されています。

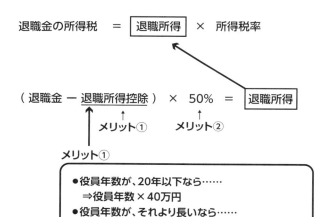

このため、退職金の所得税はかなり優遇されているのです。簡単にいうと、同じ1億円を出した場合の税金（所得税＋住民税）は、役員報酬の場合は5000万円なのに対し、退職金の場合は2500万円で済むのです。

●役員退職金は計算式も倍率も決まっていない

法人税法上、役員退職金は「不相当に高額なら認めない」とされています。そして、不相当かどうか判断するポイントは3つです。

①役員の期間
②退職の事情
③同種、同規模の他社の水準

法律で決められている判断基準はこれだけで、つかみどころがありません。とくに③の他社の水準は困りますね。他社の退職金の水準などわかるはずがありません。かといって、とくに高額の退職金の場合には、この規定を無視することもできません。
さて、役員退職金の計算式は、一般的に次のような方法が浸透しています。

役員退職金＝最終月収×役員年数×功績倍率
功労加算金＝役員退職金×功労加算割合（功労者には上乗せ支給できる）

しかし、この方法は強制されているわけではありません。普通はどの会社でもこの計算式を使うということで、定着しています。
退職金に限らず、税法には「社会通念上、相当かどうか」というキーワードがあります。**世間一般の方法や水準と比べて妥当かという判断基準**です。つまり、一般的な方法や計算、あるいは金額とあまりにズレがある場合は、税務上、否認されるということです。まずは、このことをご理解ください。

2 中小企業でも３億〜５億円の退職金をとれる

私は、これまでたくさんの役員退職金のお手伝いをしてきました。最高で20億円を超えるほどの退職金のお手伝いをしたこともあります。

ここで改めて、高額退職金をなぜ出すのかを確認しておきたいと思います。

そもそも**退職金とは、現役時代の功績に応じて支払われるべきもの**です。つまり、功績がたくさんある経営者だからこそ、高額の退職金を支払うのです。

先ほど説明した役員退職金と功労加算金の計算式には、４つのポイントがあります。①最終月収、②役員年数、③功績倍率、④功労加算割合です。いざ退職金を出そうというときには、①と②は動かすことができません。なので、**③の功績倍率と④の功労加算割合をどうするか**ということになります。

ちなみに、①の月収を直近で下げた場合は、過去の報酬を使うこともあります。その場合は、役員退職金の計算式を、最終月収ではなく、最適月収とします。

先日、退職金を受け取ったばかりの経営者に話を聞く機会がありました。私がお手伝いするなら、少なくとも3億5000万円は出せるなぁと思っていました。ところが、実際の退職金は2億円だったのです。なぜでしょうか?

実は、この経営者の後継者が、税務署に相談して決めたようなのです。税務署の指導は「功績倍率は2・2倍、功労加算割合は15%」だったのです。

税務署からすれば、高額な退職金を出されれば法人税が減ってしまいます。なので、相談を受ければ、なるべく低めにいうように決まっています。**ご自身で税務署に相談に行くことは絶対におやめください。**

●倍率は何倍まで可能か?

税務署の退職金額の判断基準は、〝社会通念上、相当かどうか〟です。つまり、「世間の水準から見て不相当に高すぎないか」という判断基準です。この意味で、一般的に**功績倍率は3倍、功労加算割合は30%まで**といわれています。数字の根拠はなく、そのくらいの倍率、割合を使っている会社が多いということです。

さて、顧問税理士の中には、功労加算金を上乗せすることをためらう人がいます。「社長には出せて功績倍率3倍までです。それ以上は無理です」といいます。

私は、功績がある経営者には、必ず功労加算金を上乗せするべきだと考えています。もっといえば、**功績倍率は3・5倍、功労加算割合は35％で計算する場合もあります。功績倍率は3倍、功労加算割合は30％でないと絶対ダメという法律はないのです。**

もちろん、会社の業績、財務体質、経営者の功績に応じて多少の変動はあります。業績が悪い会社や、反対に退職金が超高額の場合には、ここまで出さないこともあります。

◉3年前から役員報酬を引き上げる

高額の退職金をお望みの場合、先の**倍率を上げるよりも役員報酬を上げてください。**

高額退職金の裁判事例を見ると、功績倍率が問題視されているケースが多いです。一方で、役員報酬が高すぎると否認された事例は多くありません。ですから、退職する前に役員報酬を上げていただきたいのです。

かといって、退職する1年前に急激に役員報酬を引き上げてはいけません。高額退職金のために増やしたのがミエミエで、税務署から「けしからん」と思われます。報酬額にもよりますが、直前で急激に増やした報酬をそのまま使うことはできません。なので、**役員報酬の増額のタイミングとして退職予定の3年前から**考えてください。

しかし、中小企業の経営者は、わがままでせっかちな方が多いです。時間をかけたほうがいいのはわかっているけれど、やっぱり早く欲しいのです。その場合、報酬を多めに増やしておき、**過去2、3年の平均額**を使うしかありません。

ちなみに、役員報酬の考え方については157ページを参考にしてください。

さて、162ページで触れた沖縄の酒造会社は、売上20億円という規模で創業者に6億円の退職金を支払いました。実はこの会社は、税務調査で「退職金が高すぎる」と否認され、裁判までして争ったのです。創業者の役員報酬は超高額でしたが、会社に対して絶大な貢献をしていました。裁判所はこれらの点を考慮し、6億円の退職金を「適法」と判断したのです。

時間をかけて報酬と功績倍率を増やせば、中小企業でも高額退職金はとれるのです。

3 退職金は受け取ったあとも気が抜けない

高額退職金をもらうと、必ず税務調査が入ります。調査が入るのは、だいたい退職金を支払ってから3～4年後という場合が多いでしょう。

調査のときに見られるポイントは、**①退職金が高すぎないか**、**②本当に退職しているか**の2つです。

①税務調査で高すぎるといわれれば、その高い部分の退職金が否認されます。例えば、退職金5億円に対して、税務署は4億円が適正と考えている場合です。この場合、「高すぎる」として認められない金額（1億円）は、経費に計上できません。その分だけ、法人税を払わなければいけなくなります。

これに対して、②退職金をもらっても、実は退職していないとみなされた場合は大変です。なぜなら、退職金そのものが認められなくなってしまうからです。つまり、先の例でいえば、5億円がまるまる経費に計上されなくなります。

それに加えて、経営者が個人で受け取る税金も倍増します。

経営者個人から見た場合、退職金の所得税は安いと述べましたが（201ページ）、税務調査で「退職していない」と否認されたら、**この5億円は役員賞与になります**。となると、退職金のメリット（25％の税率）は消え、約50％の税金がかかってきてしまいます。

●退職金を受け取る前にエビデンスをしっかりと整える

さて、ここから税務調査で否認されないためのポイントの整理です。
①高額退職金を出すために、数年前から準備していただきたいことは次の2つです。

- **役員退職金規定を整備すること（功績倍率、功労加算割合は207ページを参照）**
- **役員報酬を引き上げておくこと（理想的には希望退職金額から逆算して決める）**

そして、実際に支給するタイミングでもう1つのエビデンスを残しましょう。それは、**経営者の功績をまとめておく**ということです。つまり、高額退職金を出すに相応《ふさわ》しい功績があることを文書に残しておくことです。

具体的な功績として、一番わかりやすいのは数字です。「業績や財務体質を改善させた」という点で、経営者の功績を測るわけです。あるいは創業者なら、現在の利益剰余金額こそが、まさにゼロから積み上げた利益の蓄積です。それから、これまでのご苦労、それをどう乗り越えたかという点も大切なポイントです。

どの経営者も、常に順風満帆な経営者人生だったわけではありません。こうした点も併せて文書として残しましょう。

役員退職金の支給にあたっては、株主総会や取締役会の決議が必要になります。これらの議事録と併せて、高額の退職金を支払う根拠を明確にすることが何より大切なのです。

●退職後、経営にタッチしているエビデンスを残さない

続いて②高額退職金をもらったあとの話です。**退職金をもらったあとも、いままでどおり経営に関与していてはアウト**です。税務署にそう見られない、つまり、「退職している」と思わせるポイントはいくつかあります。

・役員報酬……これまでの半分以下に落とす、高くても50万円程度とする
・出勤状況……週に1～2回（半日×週3日も）
・社員への指示……メールは避ける、従業員の前で堂々と指示しない
・会長室の場所……社長室とは別につくる
・経営会議への参加……経営会議には参加しない
・経営計画の作成、発表……計画づくりに関与しない、計画発表会では激励だけ
・決裁、稟議……重要事項の決裁権は持たない（見るのは可）
・対外的な交渉、意思決定……会社を代表して交渉、意思決定の前面に出ない

税務調査では、退職しているかどうかの判断をこうした点から総合的に判断します。たくさんの退職金のお手伝いをしていると、実は一番難しいのがこれなのです。つまり、**経営にいかに口を出さないか**ということです。とくに、カリスマ経営者であるほど、後継者は頼りなく、口を出したくなるものです。そこをぐっとこらえないと、退職金が全額否認されて大変なことになります。口を出す場合は、従業員の目にふれない自宅や食事の場でするようにしましょう。

4 退職金にまつわる税理士のダメダメ発言

これまでの経験上、高額退職金に反対する税理士は、退職金を受け取ったあとも「あれもダメ！　これもダメ！」と反対する人が多いです。ここでは、実際によくある税理士のダメダメ発言をまとめてみたいと思います。

①「退職したあとは、出社してはダメ！」

私がお手伝いするケースで多いのは、代表権を返上するという意味での退職です。例えば、代表取締役社長から取締役会長になるパターンが最も多いです。このとき、退職したといっても、非常勤の取締役ではあります。

したがって、**週に1～2度程度なら出社してもかまいません**。税理士によっては「出社してはいけません」という人がいますが、とんでもないことです。

それでも、これまで毎日のように出社していた会社に行けなくなるのはつらいものです。頭ではわかっていても、体が納得しない、どうしても出社したいという方もいます。

それなら、**別会社の社長として出勤**しましょう。別会社を本体と同じ場所にもってくるのです。この場合、子会社の看板（表札）、子会社の社長室をつくることを忘れないでください。

②「給料はゼロにしないとダメ！」

これも税理士のいうとおりにする必要はありません。少なくとも非常勤の役員ではありません。だから、最低限の報酬はもらってOKなのです。

一般的に、退職後の報酬は、これまでの半分以下にする必要があるといわれます。これまで月に500万円の人は250万円以下でよいのですかと質問されます。しかし、平取締役や部長でそれだけもらっている人はいるのでしょうか。非常勤で、経営に関与しないという前提なので、この人たちより少ないのが自然です。

退職後も高額報酬（1000万円以上）をもらっていると、税務署はこう考えます。

「高額報酬に見合った仕事をしている。つまり経営にタッチしている」

そうなると、退職していないと否認されるので、結局、**高くても50万円くらいが適正報酬**ということになります。

③「株を持ってはダメ！」

中小企業だと混同されやすいのですが、**経営することと株を持つことは別物**です。つまり、株を持っているから、経営しているというわけではないのです。

上場会社を見ればわかりますが、本来、株主であることと、経営者であることは別です。

中小企業の場合は、たまたま株主＝経営者だということです。

ですから、「退職すると、株式を手放さなくてはいけない」ということはありません。

ただし、高額退職金を出すと、株価が下がるため、普通は、ここで株式を移動させます。

④「会社保有の高級車は、会長が個人で買い取らないとダメ！」

中小企業の場合は、社長の高級車を社用車としているケースがほとんどです。

税理士は、「退職後は会社から個人で買い取ってください」といいます。しかし、退職したとしても、取締役会長です。頻繁にではありませんが、取引先の地位の高い方を助手席に乗せることもあります。

やはり、それに相応しい車は保有されて然《しか》るべきです。

報酬以外の待遇（移動時の新幹線や飛行機のグレード）もこれまでどおりの水準でＯＫです。

⑤「給料ゼロの役員に退職金を支払うなんてダメ！」

いまは亡き創業者の奥様への退職金をお手伝いしたときの話です。

昔は、役員として働いていた時代もありましたが、いまは監査役として無報酬です。一般的な退職金の計算式に当てはめると、最終月収はゼロのため、退職金もゼロです。

ところが、こういう方は、創業期の苦しい時期を、粉骨砕身、支えています。会社への功績という点では大変大きなものなのです。したがって、役員時代の**15年前の報酬を使って、3000万円の退職金を出すことにした**のです。

しかし、税理士は、直近の報酬はゼロだし、仕事もしていないということで反対します。

それならと、監査役の報告書を作成し、直筆のサインを入手しました。これは立派なエビデンスです。

その後の税務調査で、この退職金について指摘されることはありませんでした。

5 本音は「やっぱり欲しい！」

最後に、これまでお手伝いした経営者の本音とその対策をまとめてみます。

●誰にも知られず、たくさん欲しい

高額退職金のお手伝いをしていた阪東工業の阪東社長が浮かない顔をしています。

「こんな田舎町で5億円も退職金をもらったら、噂が広がらないだろうか。税務署はもちろん、銀行もかぎつけて、いろいろと噂になったら困るなぁ。しかも、うちには、外部株主がおるんです。今期の決算書で退職金5億円と出たら、何をいわれるか」

「では、退職金の金額を下げますか？」というと、「いや、それは困る」と。

そこで私は1つの提案をしました。

「損益計算書を工夫しましょう。**売上原価に2億円、販管費で1億円、特別損失で2億円**

出しましょう。そうすれば、退職金で5億円払ったことが、パッと見てわかりませんよ」

阪東工業は無借金経営です。銀行対策として営業利益を増やす必要もありません。

「そんなことできるんですか？」

「やるしかないでしょう。税務署は、最後の利益だけしか見ませんから」

阪東工業は、実際、このとおり決算書を作成し、株主総会も無事に終えたのです。

●ほかの役員には知られたくない

これは、地方百貨店を営むフクオーでの話です。創業家4代目の福王社長から、現在専務である息子への社長交代が控えています。福王社長は、会社を再建した功労者として、3億円の退職金をもらう予定にしています。

ところが、福王社長もまた浮かない顔をされています。

「退職金は、取締役会で決議するんですよね？　それだと、ほかの取締役にばれてしまうなぁ」

フクオーの役員は10名で、そのうち創業家は3名、ほかは生え抜きの幹部が中心です。

そして、これまで番頭の取締役には、多くて2000万円程度の退職金しか払っていません。

「いくら創業家で功労者でも３億円という退職金について幹部がどう思うか……」

「社長、退職金の金額の決定は、代表取締役になる息子さんに委ねましょう。**取締役会で必ず金額を決める必要はありません。具体的な額は代表取締役に一任できます**」

その２カ月後、晴れ晴れした表情で福王社長は３億円の退職金をもらわれました。

●給料が減るのはイヤだ

退職金をもらったあとは、給料が激減します。

「高額退職金と引き換えに、役員報酬が減るのは仕方ない」とは、経営者は考えません。「退職金は退職金、役員報酬は役員報酬。毎月入ってくるお金は減らしたくない」と思っています。そのための対策は２つです。

①ほかのグループ会社の役員報酬を引き上げる

②受け取った退職金の一部を会社に貸し付けて３〜５％の金利をもらう

①ですが、高額退職金を支給するような会社には、グループ会社があります。したがっ

て、別の会社からの役員報酬を引き上げることで毎月の収入を補填《ほてん》します。別の会社の報酬を引き上げても、役員退職金が否認されることはありえません。

もう1つの対策が、②受け取った退職金の全部または一部を会社に貸し付けることです。ポイントは、単なる貸付でなく、**「少人数私募債」として会社に貸し付けることです**。少人数私募債というのは、「貸付金」と「出資金」の性格を併せ持ちます。

貸付金の場合、貸付先からの金利は0・5～1％程度しかとれません。銀行金利と比較されるからです。一方で、出資金の場合は、出資先からの配当という形で一定額を受け取ります。この場合、配当利回り5～10％は一般的です。

したがって、**少人数私募債の場合は、金利を3～5％としても問題ない**のです。1億円を会社に貸し付けて5％の金利なら年間500万円、3億円を会社に貸し付けた場合は年間1500万円です。いかがでしょうか。

会社からすれば、高額退職金を支給すると、資金繰りが苦しくなります。ですから、会社にしても、経営者から資金を借りられると助かるのです。

第9章

税務調査は怖くない

1 税理士から「税務調査は怖いものだ」と洗脳されている

多くの経営者は「税務調査は怖い」と思っています。しかし、これは単なる思い込みです。なぜ、税務調査は怖いと思うのでしょうか。映画「マルサの女」のイメージをお持ちなのかもしれません。

しかし、あれは「強制調査」です。脱税をやっていることがわかっている場合は、マルサによるガサ入れが行われます。しかし、私たちが受ける税務調査は「任意調査」なのです。任意調査は、税務署が一方的に行うことはできません。つまり、**私たちの協力がなければ、調査官は税務調査を進められない**のです。

このことを理解しないと、「税務署のいうことは絶対だ」と勘違いしてしまいます。のちほど説明しますが、税務署からの要求に、何でも応じる必要はありません。税務調査の仕組みを勉強しないと、会社からどんどんお金が出ていってしまいます。

◉税法を知らない調査官

「税金に関して税務署のいうことは正しい」
「税務署は強い権力を持っている」
「税務調査で反抗すると、よけいに調査される」

私たちが税務署や税務調査に対して抱くこのようなイメージは、実際は間違っています。

税務署の中には、税務調査のルールを破ってまで調査をする調査官もいます。調査官のいうことは絶対ではありません。

調査官は自身の人事評価のために、おみやげが欲しい（修正させたい）と思っています。そのため、ときに強引な対応で、こちらが納得できない進め方をする場合があります。

たしかに、税務調査に協力的であれば、税務署から見た印象も上がります。

しかし、**調査に協力的であることと、何でも「はい」と受け入れることは、別の話です。**

税務署ＯＢの方と話をすると、面白い話を聞くことができます。意外なのは、「**税務署の調査官は税法を細かく知らないし、深く勉強をしない人が多い**」という点です。

本来、税務調査というのは、税法に基づいて調査を行わなければいけません。

しかし、税法を勉強せずに、「それは認められない」と指導する調査官がいるようです。それで、会社が修正に応じて、税金を追加で払えば儲けもの、という発想のようです。

また、税務署OBの税理士にいわせれば、最近の調査官のレベルは大変落ちているようです。少子化で人手不足の中、就職先として不人気のため、有能な人材がとれないのです。

これだけでも、税務調査や調査官のイメージは少し変わってくると思います。

◉調査の日程はずらせる

ところで、税務調査の日程はずらせることをご存じでしょうか。なにがなんでも、税務署から指定された日程に合わせる必要はありません。

繁忙期には、税務調査に対応するための十分な時間をつくることはできません。新店オープンや新工場稼働の時期もバタバタして落ち着きません。あるいは、海外視察旅行や会社行事の際に税務調査に来られても対応できませんね。

それなら、堂々と日程を遅らせてもらえばいいのです。

中小企業は、事務処理がルーズで、書類の整理ができていない会社も多いです。そんな場合は、**なんらかの忙しい理由をつけて、税務調査を先送りしましょう。**

日程をずらしてもらって、その間に準備すればよいのです。

66ページでも説明しましたが、税務調査の時期によって、調査官のやる気は違います。一番よいのは、**2月中旬から6月末までに調査に来てもらうこと**です。2月中旬～3月中旬は、確定申告の時期で、税務署のほうが大変です。

4月～6月は、人事考課の対象期間から外れて、人事異動前なので、調査官のやる気が出ません。

反対に、新年度が始まる7月から12月は、調査官も気合が入りますので、できるだけ避けたいところです。

2 簡単にはできない「行為計算否認」

高額退職金のお手伝いをした山野電子での話です。

山野電子は、自動車整備業を祖業として、現在は、携帯電話の販売店を営んでいます。近畿地方で5店舗を展開し、年商は40億円程度で推移しています。

創業者である山野社長から、高額退職金の相談を受けました。顧問税理士からは、「6億円まで」といわれていますが、社長の希望額は9億円です。

私は、これまでの社長の功績、報酬などを考えると、9億円でも問題ないと考えました。ただし、山野電子には、手元の現金は5億円しかありません。そこで次のような流れで9億円を出す計画を立てました。

「銀行から6億円を一時的に借り入れる」→「社長に9億円の退職金を支払う」→「社長は、会社に対して6億円の少人数私募債を入れる（貸し付ける）」→「会社は、山野社長から調達したお金で、銀行借入を返済する」

◉実際の否認例はありますか？

ここで、顧問税理士から次のようにいわれました。

「これは〝行為計算否認〟に該当し、税務調査で指摘される可能性がありますよ」

行為計算否認は、税務署の〝伝家の宝刀〟といわれています。

「同族会社において、法人税を不当に減らす取引をした場合は、税務署長の判断で、これを否認することができる（法人税法１３２条）」のです。

中小企業（同族会社）の場合、経営者は、思い通りに会社を動かしています。このため、単に節税しか目的がないような異常で不自然な取引は、否認されうるのです。

顧問税理士は、次のような言い分でした。

「会社が借入までして、社長に高額の退職金を支払うのは異常な取引です。また、お金の流れで見ると、いったん社長に入るものの、やがて会社に戻るわけですよね。お金がぐるっと回っているだけなので、この取引は行為計算否認といわれますよ」

山野社長の表情は一気に曇ってしまいました。

私は逆に、この税理士に質問をしました。

「過去、同じような事例で行為計算否認として問題になった例を教えてください」

すると、今度は、顧問税理士の表情が曇っていきました。

「いや、実際によく似たような否認例はありませんけど……」

●伝家の宝刀はカンタンには抜けない

退職金が否認されるのは、2つのケースしかありません。

①退職金額が不相当に高い

②退職金を出したあとも、実質的に会社を支配している

今回、9億円の退職金は、一般的な退職金の計算式に従って計算しています。社長は創業者で、功績は十分あります。

功績倍率は3・0倍、功労加算金は30％と、この数字も特段高くありません。

つまり、計算上、不相当に高いといわれる水準ではありません。

また、社長は現在もそうですが、退任後は、もっと経営に口を出さないようにします。つまり、誰がどう見ても、実質的に退職することになるのです。

なので、どちらの面からも、退職金が否認される事実には該当しないといえます。

結局、税理士も理解を示し、山野社長は予定どおり９億円をもらったのです。

税務署ＯＢの方が次のようにおっしゃっていました。

「行為計算否認という伝家の宝刀は、よほどのことがない限り刀を抜けない。抜いた刀は簡単には引っ込めないので、抜くほうも勇気がいるんだよ」

「行為計算否認に該当する」というのは、税理士の脅しの１つです。税務調査に怯《おび》える税理士が、グレーの取引をやめさせようとして使う常套句《じょうとうく》なのです。

3 エビデンスがあれば税務調査は怖くない

税務調査が入ることが決まると、よい気分はしないものです。それは、「あの取引は大丈夫かな？」と不安に思うところがあるからです。

この不安を解消する方法は1つしかありません。

それは、エビデンス、つまり取引の証拠書類、信憑《しんぴょう》性のある書類を整理することです。**「いつ？」「どこで？」「だれが？」「何を？」「どのように？」「なぜ？」の記録です**。税務署は、なんの記録もなしに、好き放題に経費にすることを認めてくれるほど甘くはありません。

中小企業は管理することが苦手です。いいっぱなし、やりっぱなしの〝ぱなし経営〟という会社が多いのです。それでは、税務調査でおみやげを渡す（修正する）ことになってしまいます。おみやげは渡せば渡すほど、またすぐに税務調査がやってきます。

逆にいえば、エビデンスさえ整えれば、税務調査は怖くないということです。

◉経営者自身がルーズでは会社はよくならない

税務調査は裁判に似ているといわれます。つまり、**調査官（裁判官）の心証（印象）によって判断が変わってくる**ということです。

「あぁ、この会社はしっかりやっている。調べても何も出てこないなぁ」と思ってもらえれば、調査は軽くなるでしょう。調査官は忙しいです。掘っても何も出てこない会社に、たくさん時間をかけることはありません。

調査官にそう思ってもらうには、日頃からマメにならなくてはいけません。ずさんでいい加減な記録ではなく、丁寧に事務処理を行いましょう。

例えば、経費精算です。経営者は、忙しさを理由に、ご自分の経費処理には甘いように思います。

・多額の出費が予定されている際に受け取った仮払金の精算をいつまでもしない
・得意先を接待した際の領収書をあとでまとめて提出する。領収書を紛失する
・出張時の旅費の明細を記録しない

・視察という名目で旅行代金を処理しながら、視察写真や記録を一切残していない

これらは一例ですが、経営者にマメさがなければ、会社がマメになるはずがありません。こうした会社は、必ず税務調査でボロが出てしまいます。

中小企業の叩き上げの経営者は、これらのことを知らないかもしれません。知らなければ、税理士に相談して、どういう書類が必要か指導してもらうべきです。すぐに処理しないと記憶があいまいになり、あとから大変困ってしまいます。

◉エビデンスとは具体的に何をいうのか？

例えば、本書で説明した主な節税策でいうと、次のようなエビデンスが必要です。

・電話加入権の売却……ＮＴＴへの譲渡承認請求書、契約書
・家賃の前払い……契約書（年払いへの変更契約）
・売掛金の貸倒処理……日報、督促の電話や訪問記録、督促書類、貸倒の稟議書
・在庫の廃棄処理……稟議書（取締役会議事録）、廃棄証明書、廃棄した写真

・在庫の評価引き下げ……原材料の仕入記録、仕掛品の製造日報、製品の販売実績
・視察旅行……見積書や旅程表（視察目的と明記する）、視察写真、レポート
・オフバランス（不動産の売却）……取締役会議事録、鑑定評価書、売買契約書
・固定資産の除却……稟議書（取締役会議事録）、現場写真、廃棄証明書
・修繕工事……工事前後の写真、見積書、契約書、請求書（原状回復と明記）
・高額退職金……株主総会議事録、取締役会議事録、役員退職金規定、功績文書

とくに、大型の節税対策を実行するときは、**「なぜそうするか？」という目的が大切**です。

「決して最初から節税目的で取引したのではない。結果的に節税できた」というようにしておかないと、税務調査で指摘される可能性が高まります。

繰り返しますが、**「節税のため」というエビデンスは残さない**でください。

4 いままでの常識はもう古い！税務調査の方法が変わった

もう5年以上税務調査が入っていない会社の経営者に質問します。今後行われる税務調査は、当時と大きく変わっていることをご存じでしょうか？

実は、平成25年1月に、調査の手続きを定めた「国税通則法」が改正されました。例えば、税務調査の開始や終了の手続きは5年前より丁寧になっています。これまで、調査の開始や終了の手続きは、比較的あいまいでした。5年前の改正でそれが改められ、納税者目線に立った調査に変わりつつあるのです。

具体的には、税務調査の開始と終了の際のルールが次のように定められました。

・開始前にあらかじめ決められた項目を事前に通知すること。
・終了時には、調査の結果をはっきり書面で残すこと（問題がないなら申告是認通知、

問題があれば更正決定通知）。

この改正は、納税者にとって大変ありがたいものです。ところが、調査官からしたら、やることが増えて面倒になりました。そのため、ルール改正後、調査件数は大幅に（３割程度）減っています。

昔は５年単位で調査が入っていた会社も、気づけば、前回から７年以上たっている会社もあります。これは間違いなくルール改正が影響しているのです。

◉別会社や経営者個人のことを調べるのは違法

この改正に伴って、私たちがしておくべきことはあるのでしょうか？

先ほど、調査開始前にはあらかじめ決められた項目を通知すると説明しました。日時や場所はもちろん、調査科目、対象期間、対象帳簿が事前通知の対象項目です。

こちらができる対策は、**調査前に電話が入ったときに、その内容をメモしておくこと**です。「○月○日○時、○○課の××氏から、～という内容で電話があった」という記録です。

事前に連絡がない、あるいは連絡に不足があれば、その旨をしっかり指摘しましょう。「国税通則法が変わっていますよね？」と調査官にジャブを打つのです。

また、**実際の現場で多いのが、別会社や経営者個人のことまで調べられること**です。気づけば、そちらの別会社のほうで指摘を受けてしまったという話もよく聞きます。

「グループ会社の資料を見せてください」といわれたら、どうすればよいでしょうか？

この場合、調査官の依頼にすぐに応じる必要はありません。

「今回は、○月○日の事前のご連絡で、私どもの会社の調査とうかがっております。グループ会社は、事前のご連絡には含まれておりませんでした。お見せする場合は、なぜそうしなければならないか、理由をお示しいただけませんか？」と丁寧に拒否をすればよいのです。

●税務調査が入った直後はチャンス

税務調査のルールが改正された影響で、調査の間隔が延びているとお伝えしました。実は、調査の間隔が延びているのには、もう1つ理由があります。

みなさんの会社と同じく、税務署も人手不足が起きているのです。やることは増える、でも人手不足という状態なので、なかなか調査に行けないのです。

ここで、税務調査の間隔について、1つ考えておきたいことがあります。例えば、今年税務調査が入ったとします。次に調査が入るのは、いつでしょうか。これまでの話から7年以上先だとします。7年後、税務調査が入った場合、そのときの調査対象期間は、どうなるでしょうか？

ご存じのように、ほとんどの場合、税務調査の対象期間は直近3年分です。ということは、来年や再来年の決算は、次回の税務調査では見られないということです。

「税務調査はすべての期間を調査する」と勘違いしている人がいますが、違います。**税務調査には、調査対象とならない空白の期間がある**のです。

顧問先の経営者は、税務調査が入るとウキウキしています。

「だって、調査が終われば、グレーのものを全部処理できるじゃないですか」

5 おみやげは絶対に渡さない！

「社長、おみやげの1つくらい持って帰ってもらいましょう」

税務調査の際に、顧問税理士からこのようにいわれるかもしれません。しかし、税務調査でおみやげを渡す必要はありません。

つまり、調査官からの修正の求めに簡単に応じてはいけないということです。正確にいうと、調査官は「修正しなさい」という権限は持っていません。「通達ではこのようになっていますので、修正されたらいかがですか？」と勧めるだけです。

これを専門用語で、「**慫慂**《しょうよう》」あるいは「**勧奨**《かんしょう》」といいます。

なぜ「修正しなさい」と命令するのではなく、慫慂するのでしょうか？　理由は2つあります。

◉通達よりも税法。税務署よりも裁判所

まずは1つ目です。

税務署はよく「それは通達違反です」と脅しのようにいってきます。しかし、**通達は、国税庁が税務署の職員に向けて発信している規定**です。税法で規定されている条文をわかりやすく解釈した税務署の内部ルールなのです。

ここで大切なのは、税法と通達は別物であるということです。税務調査は、本来、法律に則って行われるものです。処分を下そうと思えば、税法に基づいて処分されなければいけません。通達は法律ではないので、通達違反といわれても、焦る必要はないのです。

税務訴訟においては、必ずしも通達が裁判上の判断基準とはなっていません。裁判で**「通達に従っていないが、違法ではない」という見解が示されたこともあります。通達には、彼らが税法を都合よく解釈している部分もあるということです。**

そして、実際に、税務署の処分が不服だった場合には、裁判での争いになります。退職金でも日当でも、高い安いと判断するのは、裁判所なのです。税務署は、指摘をすることはできますが、処分の決定権はありません。

税務署は警察署と同じで、刑を決める組織ではないということです。

税務署も通達も、実は絶対的な権力を持っていないということ。これが、税務署が命令をしてこない1つ目の理由です。

◉修正申告ではなく更正決定をする

2つ目の理由の前に、「修正申告」と「更正決定」という単語をご存じでしょうか。仮に、調査の終了段階で、申告した内容に問題が出てきたとします。このときにとられる対応が、この2つです。

「更正決定」は、税務署が会社の誤りを証明して、正しい税額を決定することです。修正すべき事項があったときの対応としては、更正決定が大原則になります。

それに対して、例外的な対応が修正申告です。税務署から勧められて、自社が申告の誤りを修正して正しい税額を納めることです。

覚えておいてほしいのは、**原則は更正決定であって、修正申告は例外**だということです。だから、税務署も修正申告「しなさい」といわず、「されたらいかがですか」というのです。

実は、**税務署は、更正決定をできるだけ避けたい**と思っています。なぜなら、税務署自らが否認の材料や証拠を集めなければならないからです。手間と時間がかかるため、普通はそこまでしたくないのです。ということは、税務署の指摘に納得いかなければ、更正決定してもらえばよいのです。

「更正決定してください」というと、次のように脅されます。

「証拠資料の充実が必要です」「処理に時間がかかり、延滞税が膨大になります」

しかし、税務署にしたら更正決定には持っていきたくないので、そういっているのです。

そういう脅しに屈することはありません。

調査官が指摘したことがズバリ的確なら、修正申告するしかありません。しかし、「そうかもしれないが、納得できない」なら、更正決定してもらいましょう。

6 重加算税はもってのほか

ここでは、重加算税に関する誤解を説明しておきます。重加算税というのは、**「仮装、隠蔽《いんぺい》」**行為があった場合に課される重い処分です。

- **売上を計上しないように隠した（売上除外）**
- **仕入や外注がないのに、あるように仮装して経費として計上した**
- **固定資産を買ったのに、発注先に書類を偽装させて修繕費で計上した**

このようなことをすると、重加算税の対象となります。**意図的な税逃れは悪質として、通常より重い税率（35％）が追加で課される**のです。

重加算税がかけられれば、次回以降も税務調査が入りやすくなります。ですから、この処分だけは絶対に避けなければなりません。

◉喉から手が出るほど欲しい重加算税

税務署の人事評価で、ポイントが高いのが「重加算税」です。調査官はこれが欲しくてたまりません。処分する金額を下げる代わりに、重加算税をかけてくるという調査官もいるようです。

本来、重加算税の対象でなくても、「これは重加算税です」とふっかける調査官もいます。ダメもとで重加算税と指摘して、「わかりました」といってくれれば儲けものなのです。

重加算税をとれれば、出世競争で有利になります。だから、根拠がはっきりしてなくても、そうやってふっかけてくるのです。

ですから、重加算税の処分を下されかけても焦る必要はありません。

調査官は、重加算税の理由をそれらしくいいますが、それが正しいかどうかは別です。

単なる書き間違いやミスを隠蔽、仮装と指摘して、重加算税だといってきます。もちろん、転記ミスなどの過失では重加算税になりません。

そんなときは「これはミスです。当社が仮装、隠蔽した根拠を見せてください」と反論してください。

重加算税をとろうとする実例は、このほかにもあります。

「減価償却や在庫の評価方法を変えているのに、申請書の提出がないですね。これは隠蔽なので、重加算税の対象です」

これのどこが重加算税なのでしょうか。このような「とりあえず重加算税」戦法には、毅然とした対応が必要です。

「これは単なる提出漏れで、隠蔽ではありませんよ。私たちが隠蔽したという証拠はあるのでしょうか？」と反論しましょう。

これは一例ですが、調査官はあの手この手で修正申告や重加算税を課そうとします。調査官のいうことを鵜呑みにしないことです。

「なぜ、これが重加算税なのですか。仮装、隠蔽には当たらないでしょう」

このように徹底的に戦ってほしいのです。

◉この言葉を使ってはいけない

調査官と話すときや調査官に文書を提出するときには、言葉遣いに気をつけましょう。

「脱漏」「除外」などの言葉を使ってはいけません。「脱漏」は漏らしたという意味です。「漏れた」とは違うのです。

ときどき税務調査で従業員の着服、横領という不正が見つかることがあります。**不正が見つかったからといって、重加算税の対象になるわけではありません。**重加算税の対象は、あくまで「仮装、隠蔽」が要件であり、不正は要件ではないのです。

そして、確認書や陳述書を書くように求められても、それに応じないことです。

なぜ、そうした書類を書かせようとするのでしょうか。それは、税務署側に確たる根拠がないからです。

納税者に「私がしたことは〜で間違いありません」と自供をとるつもりなのです。刑事事件の自白調書のようなものなのです。注意しないと、勝手に脱税者に仕立て上げられてしまいます。

7 税務調査を受ける心得とは？

それでは、最後に税務調査を受ける心得について説明しておきます。

①期ズレは一番狙われやすいことを知っておく

税務調査で一番狙われるのは「期ズレ」です。経営者は、決算直前になり、利益が出ることがわかると、焦って次のことをします。

- **・当期の売上を翌期に先送りすること**
- **・翌期の経費を当期に計上すること**

これがいわゆる「期ズレ」と呼ばれる方法です。しかし、そこは調査官もよく心得ています。税務調査では、期末付近の取引は必ず見られます。

では、どうすればよいかというと、決算が来る前の早いタイミングで対策を打つことです。

例えば、中間期に決算を行って、年度決算の利益を予想します。そうすれば、**決算の数カ月前に大型の節税策を行う**ことができます。あるいは、**決算期すらも変更することで、納税額を抑えることも可能**となるのです。

ちなみに多額の経費を計上する場合、一括計上より毎月定額のほうが目立ちません。

②キレイで丁寧な書類ばかり提出しない

丁寧な書類は、逆に粗が目立ちます。例えば法人税申告書の別表2です。これは、自社が同族会社かどうかを判定するための表です。

同族会社とは、株主上位3人（3グループ）の議決権が50％超の会社です。

この別表2を株主名簿と勘違いして、すべての株主を記載している会社があります。そうなると、株式の異動が税務署に手にとるようにわかってしまいます。税務署に提出する書類は、すべてを丸裸にする必要はありません。

③税務調査前に重要ファイル、議事録を見直しておく

顧問先に税務調査が入るため、念のため、ファイルを整理するよう指示しました。すると、その中から「税務署には見せるな」と書かれた書類が出てきました。危うく、そのまま税務署にファイルを渡すところで、間一髪でした。

また、税務調査では先の期ズレ以外にも、会議費（交際費）もポイントになります。少し高め（1人1万円以上）の会議費を、交際費として指摘される会社が多いのです。この点、調査前には、会議のメモ（議題程度でOK）が残っているか見直しましょう。

④私物は自宅に

机の引き出しやロッカーに個人の通帳などがあると、調査官からあらぬ詮索を受けます。先述のとおり、会社の税務調査で、個人の私物を調べてはいけないことになっています。しかし、調査官は「スキあらば」狙ってきます。

調査官にスキを与えないためにも、私物はご自宅に持ち帰りましょう。

⑤協力はするが、妥協はせず

会社が協力することで、早めに調査が終わる場合もあります。面従腹背の姿勢でかまいませんので、見た目は協力しているように見せかけてください。

しかし、納得できない点には、安易に妥協しないようにしましょう。

⑥沈黙は金、調査官の質問にすぐに答えない

税務調査は、まずあいさつから始まり、世間話、会社概要の聞き取りと続きます。質問を受けて、不安な場合は、「調べてみます」「確認します」と答えましょう。わからない場合は、「わかりません」と正直に伝えましょう。

経営者は、初日の挨拶と最終日の報告だけ、調査に立ち会えば十分です。聞かれてもないことを、どんどん話して墓穴を掘る人がいます。調査官の術中にはまらないようにしてください。

⑦調査官が要求する資料のコピーは２部取る

調査の最中に、調査官からコピーを依頼されたら、必ず２部取るようにしてください。

それを見ると、調査官が何を問題にして、調べようとしているか、よく理解できます。

⑧パソコンそのものは見せる必要なし

パソコンは調査官に触らせないようにしましょう。とくにメール記録には注意が必要です。特殊なソフトを使って、過去に削除したメールを復元した調査官もいるようです。

「パソコンを見せてください」といわれたら、次のように伝えます。

「必要なものをおっしゃってください。その部分だけプリントアウトいたしますので」

⑨調査官との議論は税理士に任す

税務署との間で意見や主張が食い違い、議論が平行線をたどることがあります。その場合、荒い言葉でケンカ腰にならず、冷静に対応したほうがよいでしょう。

実務的な話は税理士に任せ、議論は税務署でやってもらうのがよいでしょう。

⑩急がず時間を稼いで引っ張る

経営者や税理士がおみやげを渡そうとするのは、税務調査を早く終わらせたいからです。

しかし、実は、税務署側も同じことを考えています。裏返せば、税務署は、**時間稼ぎをされて引っ張られるのはイヤ**だと思っているのです。

税務調査は、駆け引き的な要素も多く含まれています。すぐに修正申告をせず、急がず、時間を稼ぐのも戦術です。

そして、どうしても納得できなければ、更正決定をしてもらえばよいのです。

[著者]
福岡雄吉郎（ふくおか・ゆうきちろう）
アイ・シー・オーコンサルティング主任コンサルタント。公認会計士、税理士。
名古屋大学卒業後、大手監査法人へ入社。年商数億円から1000億円を超える企業まで、さまざまな業種の監査業務に従事。2012年、アイ・シー・オーコンサルティング入社。わが国屈指の経営コンサルタントである井上和弘のもとで、オーナー会社における財務改善のための具体的かつ実践的なノウハウを学ぶ。節税対策、資金繰り改善指導、不正監査をはじめ、最近では、事業承継やM＆Aの指導で全国を奔走している。著書に『決算書で面白いほど会社の数字がわかる本』（あさ出版）がある。

会社にお金を残したいなら今すぐ経費を増やしなさい
——グレーゾーンが白になる47の節税ルール

2018年9月5日　第1刷発行

著　者——福岡雄吉郎
発行所——ダイヤモンド社
〒150-8409　東京都渋谷区神宮前6-12-17
http://www.diamond.co.jp/
電話／03·5778·7234（編集）　03·5778·7240（販売）
ブックデザイン—斉藤よしのぶ
DTP ———荒川典久
製作進行——ダイヤモンド・グラフィック社
印刷————信毎書籍印刷（本文）・慶昌堂印刷（カバー）
製本————本間製本
編集担当——田口昌輝

ISBN 978-4-478-10655-6

◆ダイヤモンド社の本◆

強い会社はなぜか赤字
お金を残す秘密とは？

収入を増やすのは難しいが、支出を減らして資金流出を抑えることは意外に簡単。資産売却やオフバランス化、新しい減価償却制度の活用など、正当な手法で赤字決算にすることで、キャッシュリッチな会社になれる。

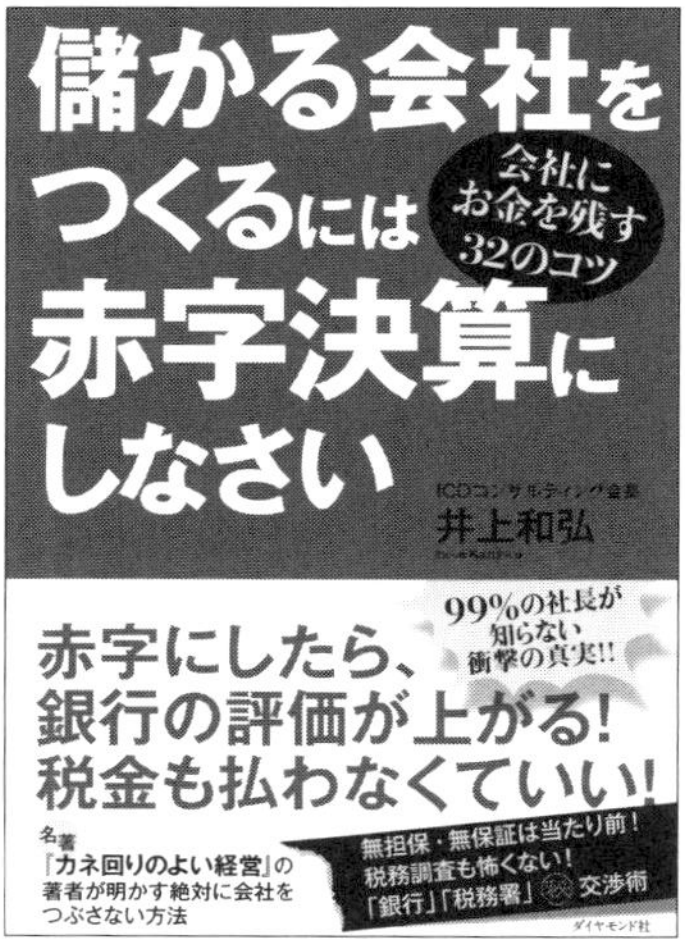

儲かる会社をつくるには赤字決算にしなさい

会社にお金を残す32のコツ

井上和弘［著］

●四六判並製●定価（1500円＋税）

http://www.diamond.co.jp/

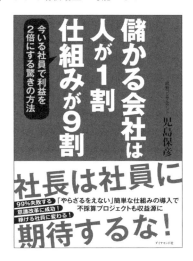